Hans Tapper

Der perfekt gedeckte Tisch

FALKEN

INHALT

Vorwort

Ein größeres Fest für die Familie und gute Freunde zu organisieren macht Freude und ist zugleich eine Herausforderung, denn Organisieren will gelernt sein. Dies gilt für alle Veranstalter einer Feier – ob Sie die Vorbereitungen zu Hause ohne oder mit nur teilweise professioneller Hilfe treffen, oder ob Sie als Gastwirt für eine Gesellschaft den feierlichen Rahmen schaffen und für das leibliche Wohl der Gäste sorgen.

Dieses Buch bietet sich allen Gastgebern als hilfreicher Ratgeber an. Auch wenn hier der Gastronom verstärkt angesprochen wird, so ist doch der überwiegende Teil der Informationen gerade für den privaten Gastgeber zu Hause sehr hilfreich. Er kann die Checkliste auf Seite 8, die Ausführungen zu den Räumlichkeiten auf Seite 6 und zum Inventar auf den Seiten 12 bis 30 dazu nutzen, um das zum Anlaß passende Restaurant und den gewünschten Service zu finden und zu prüfen. Er kann aber auch alle Anregungen zur Organisation eines Festes mit entsprechenden Abwandlungen für eine Veranstaltung in den eigenen vier Wänden aufgreifen und seine Gäste perfekt bewirten.

Vielfach ergeben sich für Gastronomie und Haushalt die gleichen Probleme. Dieses Buch zeigt verschiedene Lösungsmöglichkeiten auf, die jeder leicht realisieren kann. So steht zum Beispiel nicht immer eine fest installierte Bar zur Verfügung, man kann jedoch Beistelltische und Servierwagen so kombinieren, daß ein attraktives Getränkebuffet entsteht. Anregungen zu Geschirr, Gläsern, Bestecken und phantasievollen Dekorationen sowie Tips zur Vorbereitung finden Sie auf den Seiten 42 bis 79. Wie Ihnen die Bilder zeigen, kann man alle Feste – vom geschäftlichen Essen bis hin zur lustigen Silvesterparty – entweder für seine Gäste zu Hause vorbereiten, oder man kann anhand dieser Vorgaben einem Gastwirt gezielt Wünsche mitteilen.

Ich wünsche Ihnen gutes Gelingen und viele schöne und dank perfekter Organisation auch entspannte Stunden.

Hans Tapper

Die Gastronomie lädt ein

Fast jeder Gastronomiebetrieb verfügt über Räumlichkeiten, in denen er privaten Gastgebern die Möglichkeit bieten kann, größere Feste oder geschäftliche Treffen zu organisieren. Bei kleineren Gasthöfen und Restaurants sind dies meist gemütliche Stuben, ausgebaute Kellergewölbe oder an den Gastraum angrenzende Extraräume, in denen üblicherweise Familienfeiern, Vereinstreffen und andere Festlichkeiten stattfinden. Größere Betriebe können den Bogen ihres Angebotes entsprechend weiter spannen und häufig sogar technische Einrichtungen für Seminare, Tagungen, Vorträge und ähnliche Veranstaltungen zur Verfügung stellen.

Das Angebot eines Gastronomiebetriebs, für einen privaten Gastgeber die zeitaufwendige und arbeitsintensive Planung und Durchführung von Festlichkeiten aller Art sowie deren kreative Gestaltung zu übernehmen, dient natürlich in erster Linie der Steigerung des Umsatzes. Ein weiterer wichtiger Aspekt ist die Werbung, die der Gastwirt automatisch durch eine gutgelungene Veranstaltung für sein Haus betreibt. Denn jeder zufriedene Festgast wird gern wiederkommen und durch Mundpropaganda andere auf den Betrieb aufmerksam machen. Damit dies auch gelingt, muß der Gastronom sein Angebot mit der Leistungsfähigkeit seines Betriebes in Einklang bringen. Er muß die zur Verfügung stehenden Räumlichkeiten, die personellen Gegebenheiten in Küche und Service, die technischen Kapazitäten, die eigenen Leistungsansprüche und seine Geschäftsphilosophie sowie die Erwartungen der Gäste in sein Konzept einbeziehen.

Die Erwartungen und Ansprüche vieler Gäste werden natürlich zunächst durch das äußere Erscheinungsbild des Betriebes und die Einrichtung der Räume geprägt. Der Gastwirt sollte aber nicht allein auf die Initiative der Gäste vertrauen, sondern selbst durch werbliche Maßnahmen auf sein Angebot aufmerksam machen und seine Kapazitäten präsentieren. Hier stehen dem kleineren Betrieb zahlreiche Werbemittel, wie die Anzeige in einer regionalen Tageszeitung, in Prospekten der Gemeinde oder in einer Fachzeitschrift oder die Sendung eines Hausprospektes mit begleitendem Werbebrief an ausgewählte Gruppen, zur Verfügung. Einer solchen Anzeige oder einem Prospekt sollte deutlich zu entnehmen sein, welche Veranstaltungen in welchem Umfang durchgeführt werden können, welche Spezialitäten das Haus eventuell bereithält und was Küche und Keller an Köstlichkeiten anzubieten haben. Hinzu kommt natürlich die direkte Ansprache der Gäste im Restaurant. Hat der Gastwirt die genannten Voraussetzungen erfüllt, das heißt die Leistungsfähigkeit seines Betriebes auf sein Angebot abgestimmt, kann er der Anfrage der Gäste in einem Verkaufsgespräch nachkommen. Dieses richtet sich dann nach der Art der gewünschten privaten, geschäftlichen oder jahreszeitlich ausgerichteten Veranstaltung. Ist das Gespräch erfolgreich, so können nun anhand einer Checkliste (Seite 8) konkrete Vereinbarungen getroffen werden.

Die Planung einer Veranstaltung

Grundlagen für die richtige Planung

Jeder gut geführte Gaststättenbetrieb ist gut beraten, wenn er sich für die Durchführung verschiedener Veranstaltungen ein klares Grundkonzept erarbeitet. Um die Verhandlungen zu unterstützen, benötigt man hier genaue Unterlagen, denen man entnehmen kann, was Küche und Keller zu bieten haben.

Darüber hinaus muß der Gastronom die Kapazität der zur Verfügung stehenden Räumlichkeiten richtig einschätzen. Oft wird die Größe eines Raumes überschätzt; die geladenen Gäste sitzen dann viel zu gedrängt, und ein optimaler Service wird erschwert.

Um all diese Punkte in den Verhandlungen mit dem Gastgeber klären zu können, ist es ideal, alle Gegebenheiten in Form einer Mappe zusammenzustellen. Diese Mappe kann so angelegt sein, daß sie dem Gast auf Anforderung auch zugesandt werden kann. Sie sollte einen Hausprospekt enthalten, der die Lage des Betriebes und seine räumlichen Kapazitäten beschreibt. Darüber hinaus muß sie Menü- und Buffetvorschläge und eventuell eine spezielle Weinkarte aufweisen. Diese Karte sollte nur die Weine anbieten, die auch in ausreichender Menge zur Verfügung stehen.

Menüs und vor allem Buffets sind erst ab einer bestimmten Personenzahl für den Gastwirt rentabel. Beide müssen fachgerecht zusammengestellt (siehe dazu den Abschnitt „Die Komposition eines Menüs“ Seite 10) und so ausgelegt sein, daß sie küchen- und servicetechnisch machbar sind. Das heißt, es ist nicht ratsam, Speisen anzubieten, die für das Restaurant Serviceprobleme aufwerfen. Ein typisches Beispiel für eine Fehlplanung ist hier das Flambiergericht für einen größeren Personenkreis. Es kann vom Service aus zeitlichen Gründen nicht vor den Gästen zubereitet werden, sondern das faszinierende Flammenspiel muß in der Küche stattfinden – der Showeffekt geht verloren.

Bei einem Buffetangebot müssen selbstverständlich auch die technischen Voraussetzungen erfüllt sein, das heißt, es sollte ausreichend Platz zum dekorativen Aufbau der Speisen sowie auch für Warmhaltegeräte, wie Rechauds, Bains-marie, für Tranchierbretter mit Heizlampe und ähnlichen gegeben sein. Die Preise für diese in der Mappe präsentierten Vorschläge, die ja für einen längeren Zeitraum gelten sollen, müssen so ausgerichtet sein, daß sie die Schwankungen der Marktpreise auffangen. Oder man gibt offene Angebote ab, die nur einen ungefähren Preis nennen. Diesen kalkuliert man dann präzise nach den Tagespreisen und teilt sie dem Auftraggeber kurz vor der Veranstaltung mit. Dieses Verfahren ist für beide Verhandlungspartner sehr fair, birgt aber den Nachteil eines größeren Zeitaufwandes.

Hat sich ein Gast nach einem Vorgespräch und eventueller Präsentation der bereits erwähnten Unterlagen entschieden, den gastronomischen Betrieb mit der Organisation und Durchführung einer Veranstaltung zu beauftragen, ist es wichtig, Details zu klären. Zunächst sollte der Gastwirt den Termin und die geplante Personenzahl erfragen, um anhand seines Veranstaltungsplanes feststellen zu können, ob zu dem gewünschten Zeitpunkt die erforderlichen Kapazitäten zur Verfügung stehen. Ist hier Einigkeit erzielt, kann Konkretes vereinbart werden.

Als wertvolle Organisationshilfe und gleichzeitige Auftragsbestätigung ist eine Checkliste, auch Function-Sheet genannt, ideal. Anhand einer solchen Aufstellung kann mit dem Gastgeber Punkt für Punkt besprochen, können Vereinbarungen festgehalten werden. Absprachefehlern und Mißverständnissen beugt man so weitgehend vor. Grundsätzlich gilt: Je genauer eine Absprache getroffen wird, desto reibungsloser verläuft die Veranstaltung. Es liegt natürlich am Geschick des Gastronomen, seinem Gesprächspartner alle Wünsche zu erfüllen, ohne dabei das Machbare aus dem Auge zu verlieren. Nichts ist schlimmer, als dem Gastgeber Versprechungen zu machen, die hinterher nicht erfüllt werden können, und er selbst und seine Gäste enttäuscht sind.

Wichtig bei einer solchen Checkliste ist, daß jeder Betrieb, gleich welcher Größenordnung, seine eigene betriebsspezifische Veranstaltungsorganisation berücksichtigt und eigene individuelle Formulare entwickelt. Unser nachfolgendes Beispiel kann daher lediglich eine Orientierungshilfe sein und soll Anregungen zur Entwicklung einer eigenen individuellen Checkliste geben.

Checkliste

Name und Adresse des jeweiligen Betriebes

Auftragsannahme am:
Art der Veranstaltung:
Veranstaltungstermin:
(Datum und Uhrzeit)
Veranstalter:
(Name/Adresse/Telefonnummer)
Rechnungsanschrift:

Raumorganisation

Personenzahl:
Zahl der Erwachsenen:
Zahl der Kinder:
Raum:
Tischform:
Sitzordnung:
Tisch-/Menükarten:

Planung des Zeitablaufs

Empfang: ☐ ja ☐ nein
Dauer des Empfangs:
(Uhrzeit)
Essensbeginn:
Tischreden:

Planung der Menüs und der Getränke

Speisenfolge:
Getränkefolge:

Sonstige Ausstattung

Musik:
Rednerpult:
Mikrofon:
Leinwand:
Sonstiges:

Bemerkungen

Abrechnung

Preis pro Menü:
Getränkepreise:
Raummiete:
Sonstiges:

Nur für den Gastronomiebetrieb:

Serviceleistungen

Anzahl des Personals:
Tischwäsche:
Tafelschmuck/Blickfang:
Porzellan:
Besteck:
Gläser:
Sonstiges Geschirr:

Es versteht sich, daß ein solches Formular nicht perfekt sein kann, denn die Wünsche der Gäste gehen oft über den gesteckten Rahmen hinaus. Dann muß der Gastronom abwägen, ob diese Wünsche für ihn erfüllbar sind. Ein gutes Beispiel ist die Kinderbetreuung. Einige Gaststättenbetriebe haben eine Betreuung der kleinsten Gäste bereits in ihrem Angebot vorgesehen. Manche Gastgeber wünschen einen besonderen Service für die Kinder mit extra sie umsorgendem Personal. Andere wiederum möchten die Kinder in das Veranstaltungsgeschehen mit einbeziehen, ihnen innerhalb dieses Rahmens jedoch einen besonderen Service anbieten. Der umsichtige Gastronom sollte sich, soweit dies möglich ist, auf die jeweiligen Wünsche einstellen, damit alle zufrieden sind. Nicht umsonst sagt man: Die Kinder von heute sind die Gäste von morgen.

Ein wichtiger Punkt auf der Checkliste sind Tischreden. Werden Ansprachen in dieser Form gewünscht, ist es für die Zeitplanung des Menüs von außerordentlicher Wichtigkeit, die Anzahl der Reden und deren mögliche Dauer zu erfragen. Jeder Serviceleiter und jeder Veranstalter sollte sich dessen bewußt sein: Es ist für das Bedienungspersonal nichts unpassender, als wenn ein Gast just in dem Moment zu einer Tischrede anhebt, wenn das Essen serviert werden soll und diese Ansprache dann kein Ende findet. Das Ergebnis liegt auf der Hand: Der Serviceablauf muß unterbrochen werden, und das Essen geht zum Warmhalten zurück in die Küche. Dies zieht natürlich technische Probleme nach sich und geht zu Lasten der Speisenqualität. Darum muß mit dem Gastgeber frühzeitig abgesprochen werden, wann und in welchem Umfang Tischreden gehalten werden. Es sollten zuvor auch das benutzte Geschirr abgeräumt und die Gläser nachgefüllt sein, damit die Gäste nicht unnötig lange vor benutzten Tellern und leeren Gläsern sitzen. Darüber hinaus muß dafür Sorge getragen werden, daß die Getränke nachgeschenkt sind, bevor ein Toast ausgesprochen wird.

Die mit allen wichtigen Angaben versehene Checkliste wird an alle Mitarbeiter und Arbeitsbereiche des gastronomischen Betriebes verteilt, die zum guten Gelingen der Veranstaltung beitragen sollen.

Die Einladung

Einladungen werden in der Regel vom Gastgeber ausgesprochen oder versandt. Für den Gastronomen bedeutet dies aber trotzdem, daß er die Regeln kennen muß, denn wenn er selbst zu einer Veranstaltung einlädt, gelten naturgemäß die gleichen Vorgaben. Einen besonderen Hinweis erfordern Einladungen zu größeren Festveranstaltungen, bei denen von den Gästen ein finanzieller Beitrag erwartet wird, zum Beispiel beim Hausball, der Silvesterfeier, dem Sommerfest oder ähnlichem. Hier muß der Veranstalter schon vorab klar zum Ausdruck bringen, welche finanzielle Beteiligung zu leisten ist und was die Gäste dafür erwarten können. Unklare Aussagen führen allzu leicht zu Ärgernissen.

Formen der Einladung

Will man Verwandte oder Freunde einladen, bedarf es keiner großen Förmlichkeit. Eine nette Karte, ein freundliches Telefongespräch oder eine persönliche mündliche Einladung erfüllen den gewünschten Zweck. Es geht hier ja vor allem um die Geselligkeit in legerer Form.

Bei Feiern und Festen von offiziellem Charakter ist eine schriftliche Einladung unumgänglich. Je bedeutender eine solche Veranstaltung ist, desto deutlicher müssen Form und Formulierung der Einladung den Anlaß zum Ausdruck bringen.

Möchte man Familienmitglieder und Freunde zu einer Feier im privaten Kreis einladen, kann die Einladungskarte zwanglos gestaltet sein. Was die Auswahl an Farben und Formen betrifft, sind der Phantasie keine Grenzen gesetzt. Um die Ansprache persönlich zu gestalten, sollte man diese Einladungen handschriftlich verfassen; mit Schreibmaschine geschriebene Texte wirken unpersönlicher. Lädt man zu einem offiziellen Anlaß ein, ist es angebracht, die Einladungskarten grafisch gestalten und drucken zu lassen. Denken Sie immer daran: Die Form der Einladung sagt viel über den Gastgeber und die geplante Veranstaltung aus. Die Karte soll informieren und neugierig machen.

Im folgenden sind deshalb einige Regeln aufgeführt. Sie sind für den Gastronom besonders dann von Bedeutung, wenn er Textvorschläge oder vorgedruckte Einladungskarten als zusätzliche Serviceleistung anbieten möchte. Ein solches Entgegenkommen ist gewiß für zahlreiche Gastgeber eine angenehme Überraschung.

Wichtige Angaben auf Einladungskarten

Schriftliche und mündliche Einladungen werden in der Regel etwa zwei Wochen vor dem zu feiernden Ereignis verschickt beziehungsweise ausgesprochen. Bei einer größeren offiziellen Feierlichkeit ist ein Zeitraum von vier Wochen angemessen. Der Text einer Einladung sollte sich auf Informationen beschränken, die direkt mit der Veranstaltung verbunden sind. Im folgenden sind einige zu beachtende Punkte zusammengestellt.

- Die richtige <u>Anschrift</u> und <u>Anrede</u> sind die ersten wichtigen Angaben. Bei offiziellen Anlässen sollte man die Gäste mit ihren korrekten Titeln ansprechen.
- <u>Der Termin:</u> Es werden Tag, Datum und Uhrzeit des Veranstaltungsbeginns genannt. Ist zuerst ein Empfang geplant, gibt man dessen Beginn sowie den des anschließenden Essens bekannt. Gegebenenfalls enthält die Einladung einen Hinweis auf das geplante Ende der Festlichkeit.
- Es folgt der <u>Anlaß</u>, zu dem der Gastgeber bittet. Die Formulierung sollte gegebenenfalls einen Hinweis auf die gewünschte <u>Garderobe</u> enthalten, ob die Gäste in gedecktem Anzug, Abendgarderobe oder zwangloser Kleidung erscheinen sollen. Für den Gast ist es sehr unangenehm, wenn er sich falsch gekleidet fühlt.
- Wichtig ist darüber hinaus die Angabe des genauen <u>Veranstaltungsortes</u>. Eventuell gibt eine beigelegte Wegeskizze oder ein Hausprospekt hierzu exakte Auskunft. Findet die Festlichkeit in mehreren Räumen statt, sind diese ebenfalls zu nennen.
- Der Gastgeber oder das gastgebende Ehepaar unterschreibt die Einladung. Diese sollte bei zwei und mehr Veranstaltern entsprechend in Wir-Form verfaßt sein.
- Um sicher zu gehen, daß die Gäste auch kommen, und um die Planung zu konkretisieren, bittet man um eine schriftliche oder mündliche Antwort. Dies kann man mit dem Kürzel „u. A. w. g." (um Antwort wird gebeten) tun. Hier stellt eine beigefügte Antwortkarte sicher, daß auch alle geladenen Personen dieser Aufforderung Folge leisten.

Die Komposition eines Menüs

Bei einer Zusammenstellung von mindestens drei Gängen spricht man von einem Menü. Waren noch um die Jahrhundertwende 14gängige Speisenfolgen keine Seltenheit, so beschränkt man sich heute auf vernünftigere, leichtere Kompositionen von etwa sechs Gerichten. Die Regel sind drei- bis viergängige Menüs.

Um bei deren Zusammenstellung gut beraten zu können, sollte der Gastronom zunächst nach der Struktur der Gesellschaft fragen. Wichtig ist es hierbei zu erfahren, ob Angehörige bestimmter Religionsgruppen, ob ältere Menschen oder Gäste, die eine bestimmte Diät einhalten, darunter sind oder ähnliche Aspekte berücksichtigt werden müssen.

Darüber hinaus sollten Lebensmittel der Saison die Gerichte bestimmen. Sie sind zum einen von optimaler Qualität und zudem meist preisgünstiger. Abgeleitet von der klassischen Menüfolge der französischen Küche, gilt für die Zusammenstellung der einzelnen Gänge folgendes Muster:

kalte Vorspeise
Suppe
warme Vorspeise
Fisch
Sorbet
Hauptgang mit Beilagen
Käse oder Obst
Süßspeise

Bei den meist üblichen Vier-Gänge-Menüs kann man wie folgt variieren:

kalte Vorspeise	Suppe
Suppe	warme Vorspeise
Hauptgang	Hauptgang
Süßspeise	Süßspeise
Suppe	Suppe oder kalte Vorspeise
warmer Fischgang	Hauptgang
Hauptgang	Käse oder Obst
Süßspeise	Süßspeise

Bei der Komposition eines Menüs beginnt man immer mit der Auswahl des Hauptgerichtes, auf das alle anderen Gänge abgestimmt werden. Hierzu gibt es in der Gastronomie wiederum Wichtiges zu beachten:

1. Es sollte immer Leichtes vor Schwerem serviert werden.
2. Zubereitungen mit Fisch kommen immer vor Fleischgerichten.
3. Innerhalb eines Menüs sollten sich keine Lebensmittel wiederholen, es dürfen also zum Beispiel nicht zwei Gänge mit Fisch vorkommen. Ausgenommen sind hier Schalen- oder Krustentiere, die man bei einem Fischgang trotzdem servieren kann.
4. Auch die Zubereitungsart sollte von Gang zu Gang wechseln, das bedeutet, man darf zum Beispiel nicht zweimal Gegrilltes oder Gekochtes anrichten.
5. Für die Farben der einzelnen Speisen gilt dieselbe Regel: keine Wiederholungen, das heißt zum Beispiel, keine weiße Suppe und anschließend eine weiße Soße.

Die Auswahl der Lebensmittel und ihre Zubereitung richtet sich natürlich nach dem zu feiernden Anlaß. Eine schöne Geste ist das Servieren einer winzigen Vorspeise (Amuse gueule) zu Beginn des Menüs und das Angebot eines Kaffees an dessen Ende.

Das Amuse gueule erscheint in der Regel nicht auf der Menükarte, während Kaffee oder Mokka mit Feingebäck auf der rechten Seite stehen (siehe dazu den folgenden Abschnitt „Die Menükarte").

Die dazu servierten Digestifs werden auf der linken Seite der Menükarte präsentiert.

Die Menükarte

Zu einem festlich gedeckten Tisch gehört auch eine Menükarte. Für einen kleineren Gästekreis bietet es sich an, diese mit der Hand zu schreiben und

eventuell durch Zeichnungen zu illustrieren. Dies ist besonders ansprechend und viele Gäste werden die Menükarten als schöne Erinnerung an das Fest aufheben.
Menükarten mit dem Stil des Hauses angepaßten Bildmotiven gehören zur Grundausstattung. Gebräuchlich sind Karten im DIN-A5-Format, aber auch in einer Größe zwischen DIN A5 und DIN A6. Sie sind handlicher und passen sich in vielen Fällen der Tafeldekoration besser an.
Eine ausgefallenere Idee sind Karten aus pergamentartigem Papier, die sich wie eine Schriftrolle aufrollen lassen. Der Phantasie sind bei der Gestaltung keine Grenzen gesetzt. Die Menükarte muß natürlich zu dem Charakter des Festes passen. Planen Sie für ihre Herstellung ausreichend Zeit ein.
Bei zusammenfaltbaren Karten bindet man eine Einlage mit einer Kordel ein. Auf der Vorderseite der Einlage wird der Anlaß der Feier, manchmal auch der Gastgeber und gegebenenfalls der Name des zu Ehrenden genannt sowie das Datum und der Ort der Veranstaltung. Grundsätzlich werden die Innenseiten der Menükarte so gestaltet, daß links die Getränkefolge und rechts die Speisefolge stehen. Der Mokka erscheint als Ausnahme auf der rechten Seite, da dieser nach den klassischen Menüregeln als Speisenfolge gilt. Daß Karten richtig geschrieben sind, sollte selbstverständlich sein. Hierfür gibt es Richtlinien der Gastronomischen Akademie Deutschlands.
Bietet man den Gästen ein kaltes, warmes oder gemischtes Buffet an, ist es schön, wenn jeder eine Aufstellung des Angebotenen an seinem Platz in Form einer Buffetkarte vorfindet. Diese gleicht in ihrer Gestaltung der Menükarte: links werden die Getränke, rechts die Speisen und gegebenenfalls der Mokka aufgeführt.

Die Getränkefolge

Das passende Getränk zu einer Speise auszuwählen, das ist eine Sache des persönlichen Geschmacks. Die klassischen Regeln sagen, daß man Rotwein zu dunklem Fleisch (wie Rind, Lamm, Wild, Wildgeflügel und Gans), Weißwein nur zu hellen Fleischsorten (wie Fisch, helles Geflügel, Kalb- oder Schweinefleisch) serviert. Roséweine und Weißherbst sind oft ein Kompromiß. Von diesen starren Zuordnungen kommt man heute allerdings immer mehr ab. Es gilt zwar nach wie vor, daß man leichte Weine vor schweren, trockene vor milden, junge vor älteren und weiße vor roten reicht, doch was die oben genannte Zuordnung zu verschiedenen Fleischsorten betrifft, so kann man sich ruhig davon lösen. Die Empfehlung lautet hier: probieren, was schmeckt!
Viel wichtiger für die Auswahl des Weines als die in einem Gericht vorkommenden verschiedenen Lebensmittel ist ihre Zubereitung. So sollte man, zum Beispiel bei einer mit Wein abgeschmeckten Speise, den gleichen Wein, den man dafür verwendet hat, als Getränk dazu reichen. Fette Speisen harmonieren am besten mit säure- und gerbstoffreichen Weinen (gerbstoffreich sind vor allem Rotweine). Die Speisen werden dadurch auch bekömmlicher. Sehr häufig richtet sich die Weinauswahl nach der Geschmacksrichtung der Soße. Hier ist ausschlaggebend, ob diese zum Beispiel durch Fruchtzugaben säurereich oder süß, ob sie dunkel und kräftig oder sahnig-mild ist.
Die Auswahl der passenden Weine erfordert vom Gastwirt Erfahrung und Fingerspitzengefühl. Daß er mit seinen Empfehlungen nicht immer den Geschmack der Gäste trifft, ist verständlich – und dann sollte der Wirt natürlich nicht stur auf seiner Auswahl bestehen. Grundsätzlich gilt. Es ist erlaubt, was schmeckt! Die ausgewählten Weine müssen in der richtigen Temperatur angeboten werden, sonst büßen sie leicht ihren guten Geschmack ein.
Ein guter Weißwein wird kühl, aber nicht eiskalt serviert. Ist er trocken, so sind 9 bis 11 Grad Celsius richtig. Bei lieblichen Weißweinen sollte die Temperatur etwas höher liegen. Es empfiehlt sich, lieber öfter nachzuschenken, als ein zu großes Glas mit von vorneherein größerer Füllmenge zu wählen, in dem der Wein seine Idealtemperatur schnell verliert.
Rotweine haben die Serviertemperatur betreffend ihre eigenen Ansprüche. Von Natur aus mit weniger Säure ausgestattet als Weißweine, werden sie weniger kühl serviert. Da sich die Sorten in Charakter und Fülle unterscheiden, sind auch hier differenzierte Serviertemperaturen sehr anzuraten. Leichte Rotweine, wie Trollinger oder Beaujolais, sollten mit 14 bis 16 Grad Celsius auf den Tisch kommen. Für Burgunder, Bordeaux oder Barolo sind 16 bis 18 Grad Celsius angebracht. Die alte Regel, Rotweine nur bei Zimmertemperatur zu servieren, stammt aus einer Zeit, als man noch in kühleren Räumen lebte. Heute hat diese Maxime ihre Gültigkeit verloren.

Das Inventar

Jeder Gaststättenbetrieb sollte seinem Restaurant und den Nebenräumen durch die Einrichtung, durch die Wahl der Tische, Tafeln und Stühle eine individuelle Prägung geben. Die Atmosphäre signalisiert dem Gast, welche Ansprüche er an die Leistungen des Hauses stellen kann und prägt seine Erwartungen.
Doch darf bei aller Verbeugung vor Schönheit und individuellem Ambiente der praktische Nutzen der Einrichtung nicht in Vergessenheit geraten. Dies geschieht leider allzu oft.
Die Tische und Stühle in einem Restaurant und in Veranstaltungsräumen sollten sich leicht umstellen und kombinieren lassen. Eingebaute Sitzecken sind zwar gemütlich, aber oft hinderlich. In Nebenräumen sollte man solche Einrichtungsformen auf jeden Fall vermeiden.
Es ist ideal, die Tische so auszuwählen, daß sie sich leicht zu verschiedenen Tafelformen (siehe Zeichnungen Seite 14 f.) zusammenstellen oder in ihrer Größe verändern lassen; dies ist durch Steckplatten oder Anschlußstücke leicht möglich (siehe Zeichnungen). Ebenso praktisch sind stapelbare Stühle, die man mit einem Karren leicht transportieren kann. Das „Möbellager" sollte sich möglichst nah bei den Veranstaltungsräumen befinden, um einen unnötigen Arbeitsaufwand zu vermeiden.
Oft müssen Räume nach Beendigung einer Veranstaltung für die nächsten Gäste umgestellt werden. Das erfordert zahlreiche Arbeitskräfte. Der Arbeitsablauf muß gut organisiert sein, um eine größere „Möbelpolonaise" zu vermeiden.
Tische und Stühle muß man für jeden Anlaß einsetzen können, anders dagegen verhält es sich mit der Tischwäsche, den Gläsern, dem Besteck und dem Porzellan.
Neben der Ausstattung für das Tagesgeschäft ist es hier sinnvoll, eine zweite, festliche Garnitur für gehobenere Veranstaltungen bereitzuhalten. Dies erscheint manchem Gastwirt vielleicht im ersten Augenblick eine unnötige Investition zu sein, zahlt sich auf die Dauer jedoch garantiert aus. Festlich gedeckte und attraktiv dekorierte Tafeln mit aufeinander abgestimmten Kristallgläsern, mit feinem Porzellan und edlem Besteck erfreuen jeden Gast und tragen zum Gelingen eines Festes bei.
Um das Servieren zu erleichtern, ist es günstig, einige zusätzliche Einrichtungsgegenstände, wie Beistelltische oder verschiedene Servierwagen, anzuschaffen (siehe dazu auch Seite 30).

Die Verlängerung von Tischplatten durch Anschlussstücke oder Einsätze

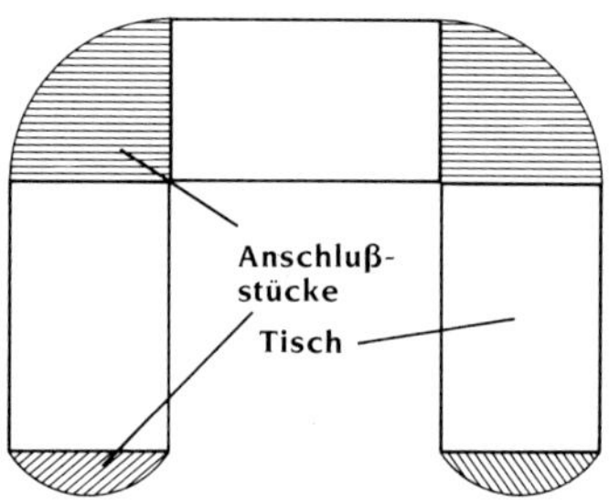

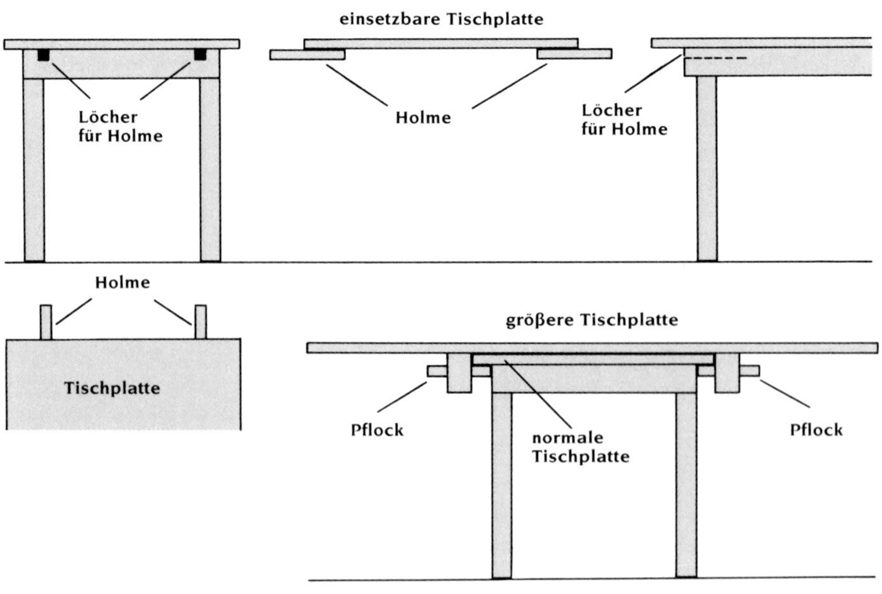

Die Tischwäsche

Wenn die Gäste den Raum betreten, sind es die festlich gedeckten Tische, die Bewunderung auslösen und die die Vorfreude auf kulinarische Genüsse und ein Fest in angenehmer Atmosphäre wecken.
Ein wichtiges Element zur Gestaltung von Tafeln ist eine besondere, nicht alltägliche Tischwäsche, die man zum Anlaß passend auswählen sollte. Das schönste Porzellan und das feinste Glas verlieren ihren Reiz, wenn sie auf einer unpassenden Unterlage plaziert sind. Von unsauberer oder zerknitterter Tischwäsche ganz zu schweigen.
Einige Firmen haben sich auf die Anfertigung von Hotelwäsche spezialisiert und bieten eine Auswahl an, die den vielfältigen Anforderungen im Gastgewerbe gerecht wird. Die wichtigsten Merkmale von Tischwäsche sind die Farb- und Strukturharmonie, die Qualität und die Pflegeeigenschaften sowie die Nachliefermöglichkeiten. Die Farb- und Strukturharmonie sind ausschlaggebend für den ersten Eindruck, den der Gast beim Betreten eines Restaurants gewinnt und auch beim längeren Verweilen behält.

Die Tischwäsche muß mit der übrigen Einrichtung und mit dem Geschirr eine Harmonie bilden. Ihre Farben sollten auf die der Vorhänge, der Teppiche und die der Stuhlbezüge abgestimmt sein. Die Palette der Möglichkeiten reicht vom glänzenden Weiß eines Damasttuches über zarte Unifarben bis zu bunt gemusterten Decken. Für ein elegantes Restaurant und die Tafeln bei einer offiziellen Feier wählt man eine feine Qualität. Sollen die Tische rustikaler wirken, erfordert dies eine Gewebeart mit kräftigeren Strukturen und Farben.
Die Qualität und die Pflegeeigenschaften sind besonders wichtige Kriterien bei der Wahl der Tischwäsche. Da die Wäsche fast täglich benutzt wird, muß sie häufiges Waschen und Mangeln gut vertragen können. Auch beim Aufliegen auf dem Tisch werden die Tücher stark beansprucht und müssen daher besonders scheuerfest sein.
Gute Tischwäsche wird in der Regel für einen längeren Zeitraum angeschafft; der Käufer muß daher unbedingt auf eine langwährende Nachliefergarantie achten.

Tischplattenbezüge, auch als Moltons bezeichnet, schützen die oft empfindlichen Tischplatten, verhindern das Rutschen der Tischdecke und wirken gleichzeitig geräuschdämmend. Moltons sind aus weichem Fließ, gerauhter Baumwolle oder Zellstoffgewebe hergestellt. Die flauschigen Gewebe weisen eine starke Saugfähigkeit auf. Die Tischplattenbezüge sollten etwa 10 Zentimeter über die Tischkante reichen. Ein rundum eingenähtes Gummiband oder Bänder an den Ecken zum Befestigen an den Tischbeinen sorgen dafür, daß sie fest aufliegen. Moltons aus beschichtetem Kunststoffgewebe schützen ebenfalls, verfügen jedoch nicht über die vorteilhafte Saugfähigkeit.

Tischtücher werden aus unterschiedlichen Materialien gefertigt. Sie können aus wertvoller Seide, Leinen, Halbleinen, Baumwolle, Synthetikfasern oder Mischgeweben hergestellt sein. Die Struktur des Stoffes ergibt sich aus der Art der Bindung, also der Faserkreuzung im Gewebe.
Es gibt quadratische, rechteckige und runde Tischtücher. Die gebräuchlichsten Größen sind:

- 130 x 130 Zentimeter
- 130 x 160 Zentimeter
- 130 x 180 Zentimeter
- 160 x 220 Zentimeter
- oder 160 Zentimeter im Durchmesser bei runden Ausführungen

Man wählt die Größe so, daß das Tischtuch an jeder Seite 25 bis 30 Zentimeter über die Tischkante herabhängt.

Tafeltücher sind längere, meist für größere Tafeln speziell angefertigte Tischtücher.

Buffettücher sind sehr lange und extra breite Tücher, die an allen Seiten des Buffet- oder Schautisches bis etwa 5 Zentimeter auf den Fußboden herabhängen.

Buffetschürzen, sind bequem und wäschesparend. Sie werden auch als Tischvorhang oder Skirting bezeichnet. Diese sind meist unifarben und können passend zu jeder Tischwäsche ausgewählt werden. Es sieht sehr gut aus, wenn der auf der Tischplatte aufliegende Teil glatt ist und ein in Falten genähter Bund herabhängt (siehe Foto). Durch einen Klettverschluß oder Druckknöpfe am Bund werden die Buffetschürzen mit speziellen Klammern am Tisch befestigt.

Deckservietten wählt man passend zu den Tischtüchern aus. Sie dienen zur Dekoration oder zum Abdecken leicht beschmutzter Tischwäsche. Diese braucht man dann nicht in jedem Fall zu wechseln.
Deckservietten gibt es im Handel in folgenden Größen:

- 80 x 80 Zentimeter
- 90 x 90 Zentimeter
- 100 x 100 Zentimeter
- 120 x 120 Zentimeter

Sie sind auch in runder Form in unterschiedlichen Größen erhältlich.

Mundservietten sind im allgemeinen aus dem gleichen Material wie die Tischtücher gefertigt und farblich auf diese abgestimmt. Mundservietten haben nicht nur praktischen Nutzen, sie spielen, schön gefaltet, eine wichtige Rolle bei der Dekoration der Tische (siehe Seite 14 ff.). Mundservietten gibt es im Handel ebenfalls in verschiedenen Größen:

- 40 x 40 Zentimeter
- 45 x 45 Zentimeter
- 50 x 50 Zentimeter
- 60 x 60 Zentimeter

Platzdecken oder Tischsets verwendet man bei rustikalen Gedecken und für kleinere Gerichte anstelle eines Tischtuches. Sie dienen zum Schutz der Tischplatte und zur Dekoration.

Tischläufer werden zur Dekoration einer festlich gedeckten Tafel in der Mitte des Tischtuches aufgelegt. Sie sind meist aus hochwertigem Material hergestellt, das zu dem der Tischwäsche passend ausgewählt wird. Auf den Tischläufer plaziert man Dekorationsgegenstände wie Blumengestecke, Kerzenleuchter und andere schmückende Accessoires.

Ein Tischvorhang oder Skirting verleiht jedem Buffet- oder Schautisch eine vornehme Eleganz. Die Faltenwürfe lassen sich zu jeder Tischwäsche kombinieren und sind mit speziellen Halterungen leicht anzubringen

Tafelformen

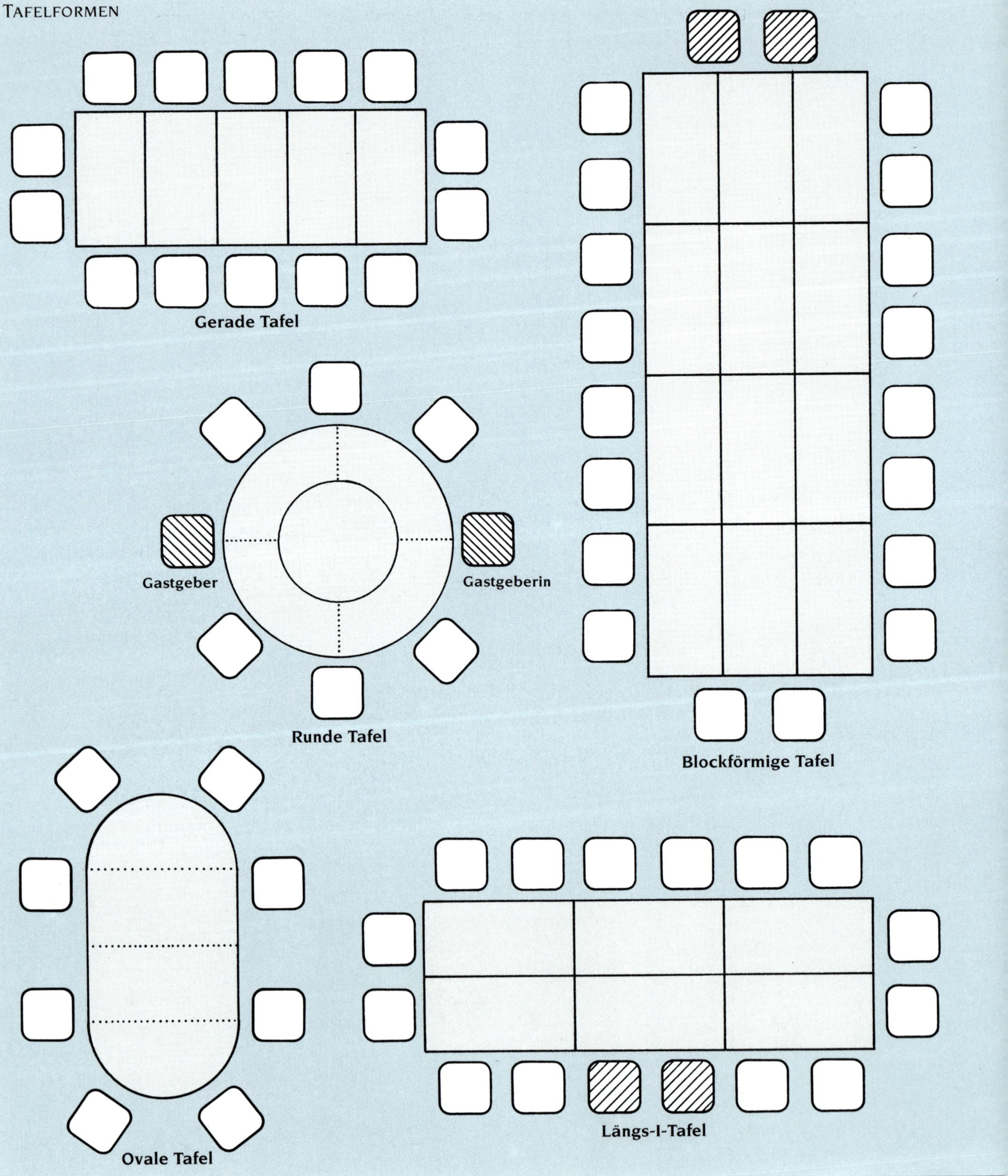

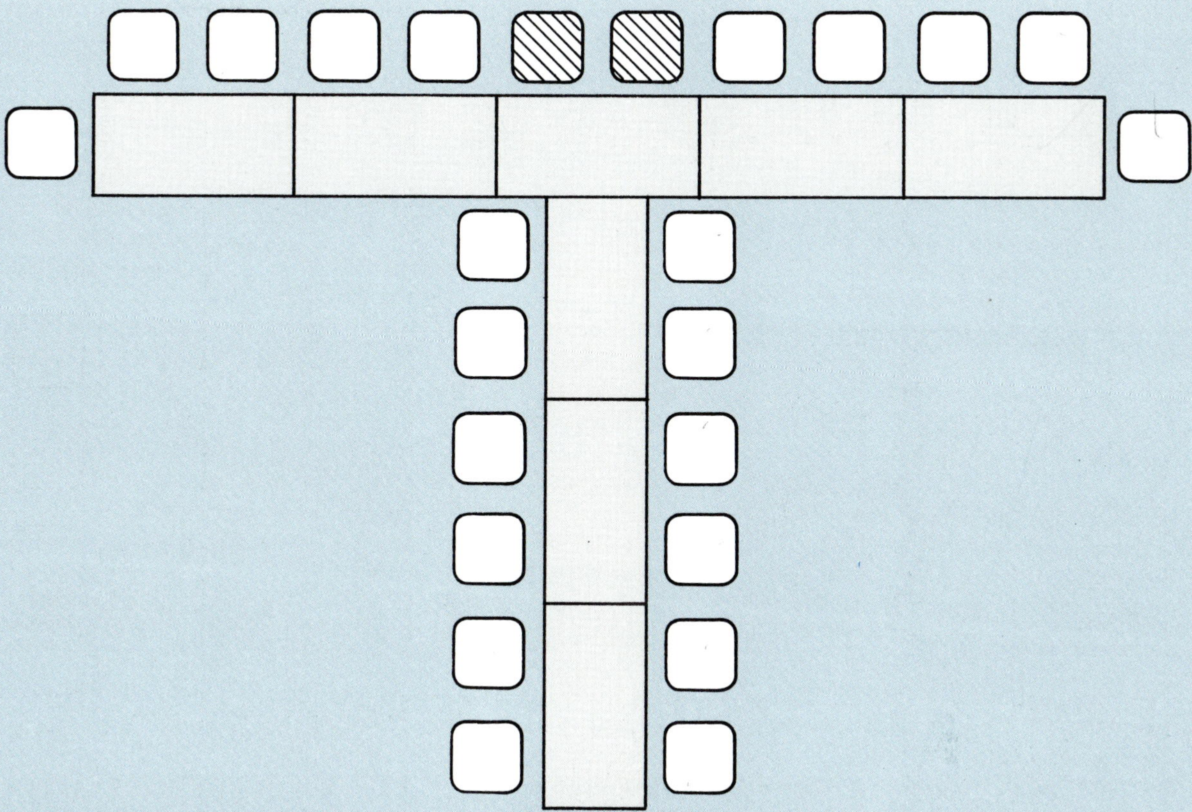

T-förmige Tafel

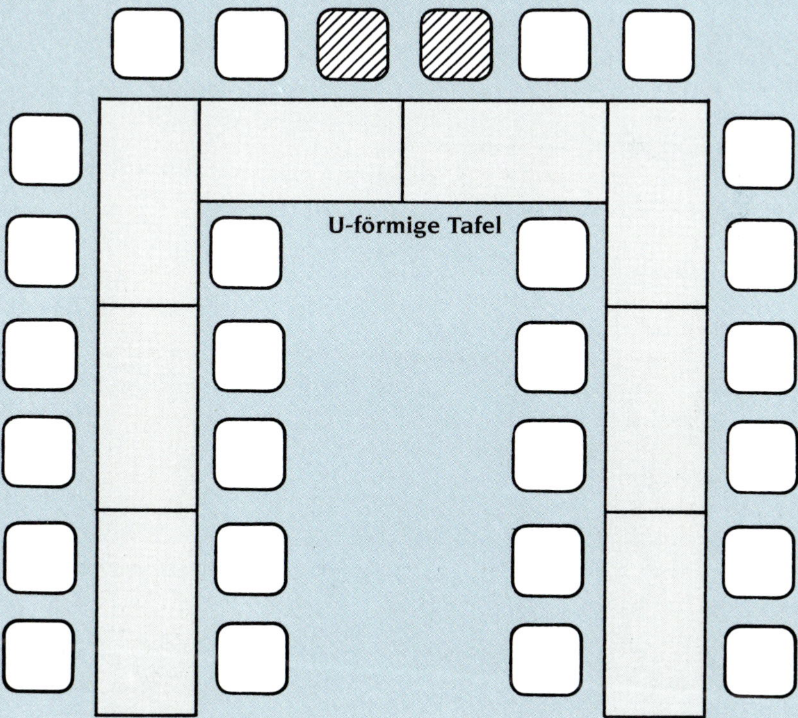

U-förmige Tafel

Servietten dekorativ falten

Schön gefaltete Mundservietten sind ein Teil der Tafelkultur. Man kann hier das Nützliche leicht mit dem Schönen verbinden und die Dekoration einer festlichen Tafel durch attraktive Elemente ergänzen.

Das klassische Material zum Falten ist die zum Tafeltuch passende Stoffserviette, aber auch aus bunten Zellstoffservietten lassen sich Figuren falten, wenn das Material nicht zu weich ist. Mundservietten aus Leinen, Halbleinen, Baumwolle oder Mischgeweben sollten zum Falten gut gestärkt, aber nicht zu steif sein. Achten Sie darauf, daß die Servietten, mit denen Sie arbeiten wollen, seitengleich sind. Auf Hilfsmittel, wie Nadeln oder gar Klebstoff, sollten Sie verzichten.
Im folgenden stellen wir Ihnen einige attraktive Falttechniken für Servietten vor, weitere einfache Versionen finden Sie auf den eingedeckten Tafeln auf den Seiten 42 ff.

Mütze mit Varianten

1. Die Serviette mit der linken Seite nach oben vor sich hinlegen

2. Falten Sie diese in der Mitte nach oben

3. Dann falten Sie die Serviette in der Mitte nach rechts und drehen sie

4. Die untere Ecke des so entstandenen Quadrats wird etwa ein Viertel nach oben eingeschlagen

5. Die äußeren Ecken stecken Sie hinten zusammen

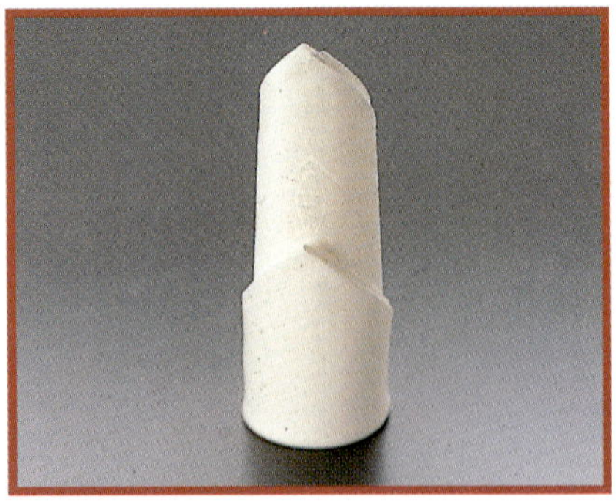

6. So sieht die fertige Mütze aus

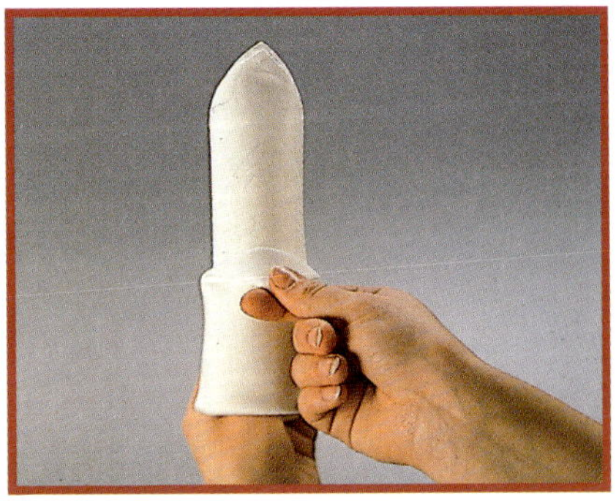

Variante 1

7. Sie entsteht durch Herunterziehen der Spitze des unteren Dreiecks

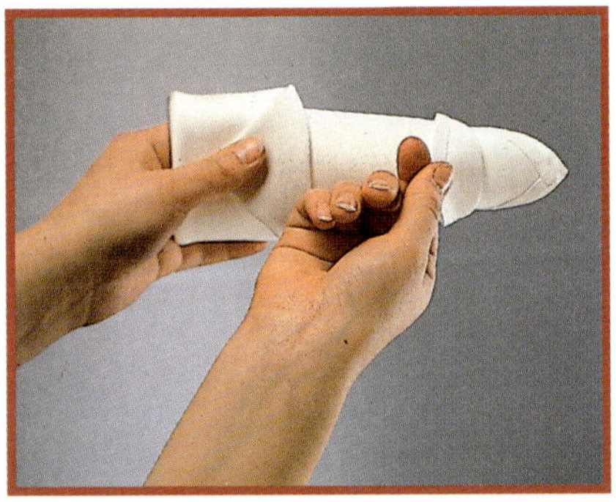

Variante 2

8. Hier wird noch die Spitze des oberen ersten Blattes nach unten gelegt

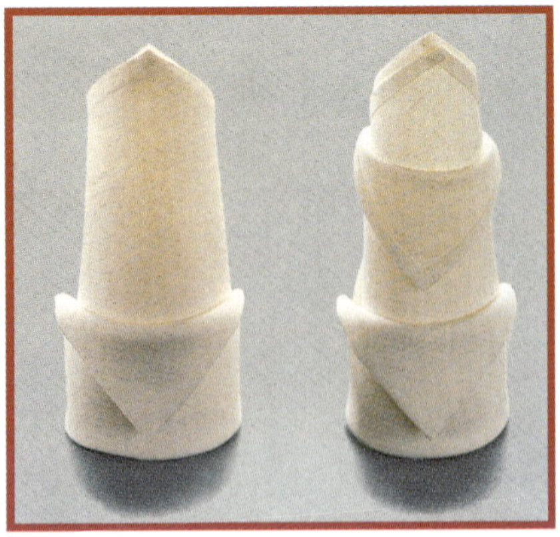

Doppelter Tafelspitz

1. Legen Sie die Serviette vor sich hin

3. Die untere linke Ecke des oberen Blattes auf die rechte untere Ecke ziehen, so daß ein Dreieck entsteht

5. Ziehen Sie die rechte untere Ecke des oberen Blattes auf die linke

2. Falten Sie die Serviette in der Mitte nach unten

4. Die rechte untere Ecke des Dreiecks wird nach links gefaltet

6. Die zweite rechte Ecke wird nach links gelegt und die so entstandene Außenkante fest angedrückt

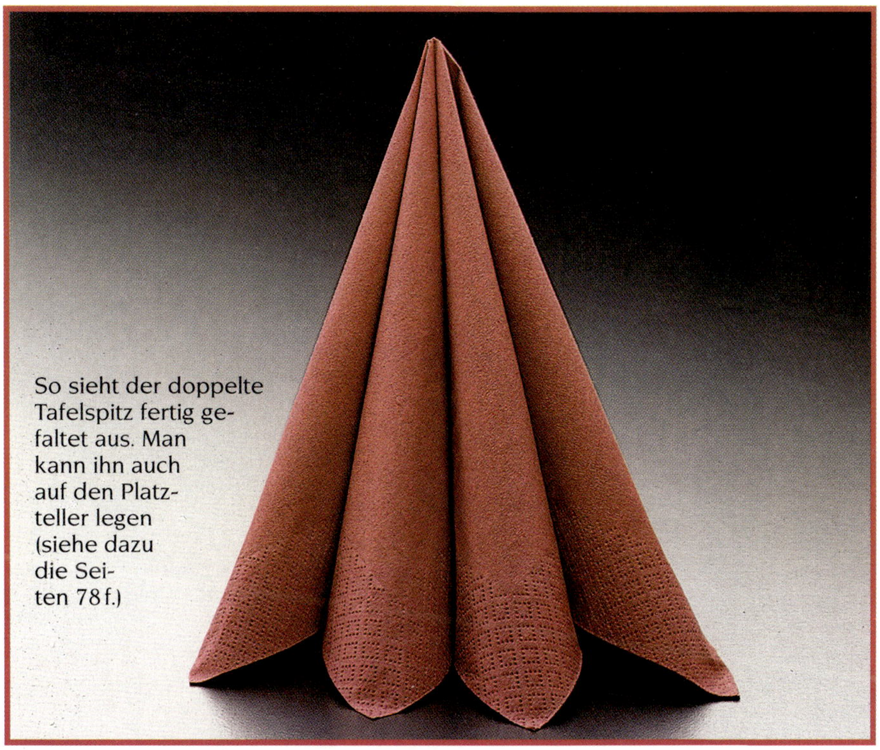

So sieht der doppelte Tafelspitz fertig gefaltet aus. Man kann ihn auch auf den Platzteller legen (siehe dazu die Seiten 78 f.)

Einfacher Tafelspitz

1. Legen Sie die obere linke und rechte Ecke nach unten zur Mitte

2. Ergreifen Sie die Spitze, und stellen Sie den Tafelspitz auf (siehe dazu auch die Seiten 52 f.)

Lilie

1. Legen Sie die glatte Serviette mit der linken Seite nach oben auf die Spitze

2. Klappen Sie die obere Spitze nach unten

3. Dann werden die beiden äußeren Spitzen nach unten gefaltet …

4. … und wieder nach oben geklappt

5. Nun falten Sie die Spitze des unteren Blattes einmal nach oben und schlagen diesen Teil noch einmal ein

6. Dieser gefaltete untere Teil wird bis zur Mitte hochgezogen

7. Heben Sie die Serviette an, und stecken Sie die äußeren Ecken hinten zusammen

8. Zuletzt werden vorne die Spitzen links und rechts heruntergezogen und in den Rand gesteckt

Man kann die Spitzen auch nur leicht einklappen. Diese Variante finden Sie auf der für eine Konfirmation oder Kommunion gedeckten Tafel auf den Seiten 58 f.

Tulpe mit Variante

1. Die glatte Serviette auf die Spitze legen ...

2. ... und die untere Spitze nach oben zum Dreieck falten

3. Falten Sie die unteren Ecken zur oberen Spitze, so daβ ein Viereck entsteht

4. Legen Sie nun die untere Spitze des Vierecks einige Zentimeter unterhalb der Mittellinie nach oben, und falten Sie die Dreiecksspitze nach unten

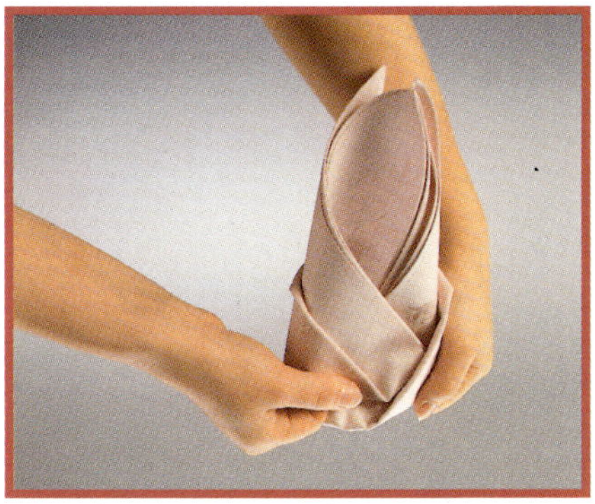

5. Die beiden Enden der Serviette werden hinten zusammengesteckt

6. Biegen Sie die Enden der beiden oberen Zipfel nach unten

Man kann die Spitzen auch wie bei der „Lilie" in den Rand stecken. Diese Variante finden Sie auf der für eine Silberhochzeit gedeckten Tafel auf den Seiten 62 f.

Variante

7. Die Spitze des vorderen Blattes wird ebenfalls nach unten gezogen

Stehender Fächer

1. Legen Sie die Serviette mit der linken Seite nach oben vor sich hin, ...

2. ... und falten Sie diese in der Mitte nach oben

3. Drehen Sie die Serviette, und legen Sie die schmale Seite im Ziehharmonikasystem gleichmäßig in kleine Falten. Ein Drittel bleibt ungefaltet

4. Die Serviette wird gewendet, so daß der ungefaltete Teil rechts vor Ihnen liegt

5. Knicken Sie nun den gefalteten Teil in der Mitte nach oben ein, ...

6. ... und falten Sie den glatten Teil diagonal nach unten

7. Der überstehende Teil wird nach hinten eingeschlagen, das glatte Stück dient als Ständer

8. Stellen Sie den Fächer auf, er öffnet sich dann von alleine

Diese Fächerform bekommt durch den glatten Teil ein sehr gutes Stehvermögen (siehe dazu auch die Seiten 60 f.)

Frauenschuh-Orchidee

1. Legen Sie die Serviette mit der linken Seite nach oben vor sich hin, …

2. … und falten Sie sie in der Mitte nach oben

3. Legen Sie die Serviette in der Mitte zusammen, so daß ein Quadrat entsteht

4. Aus dem Quadrat wird ein Dreieck gefaltet, dessen offene Seiten nach oben zeigen

5. Die rechte und die linke Seite des Dreiecks werden zur Mitte hin gelegt

6. Knicken Sie die unteren Spitzen nach hinten, drücken Sie die äußeren Ecken des Schuhs fest nach hinten, und halten Sie sie mit der linken Hand

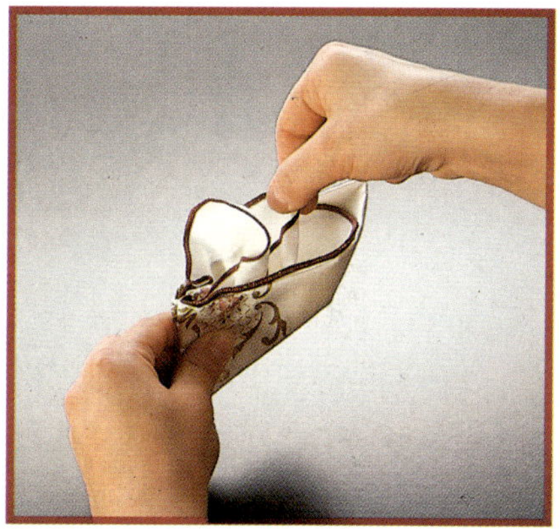

7. Jetzt werden die einzelnen Blätter herausgezogen

Auch aus einer größeren, dickeren Serviette gefaltet, sieht der Schuh sehr hübsch aus (siehe dazu auch die Seiten 48 f., 56 f. und 72 f.)

Gläser

Glas ist der älteste künstliche Werkstoff der Menschheit – und wahrscheinlich der faszinierendste. Seine Entstehung liegt noch heute im Dunkel einer Jahrtausende alten Vergangenheit. Niemand weiß, wann und wo genau aus den Grundsubstanzen Sand, Kalk und Soda zum erstenmal Glas geschmolzen wurde. Die ältesten Gegenstände aus glasartigem Material wurden in Mesopotamien und Ägypten gefunden – sie sind mehr als 6 000 Jahre alt. Ein Becher von Pharao Thutmosis III. aus dem 2. Jahrtausend vor Christus begeistert noch heute den Betrachter.

Einmal vom Menschen „entdeckt", begleitete Glas ihn mehr oder weniger intensiv durch seine wechselvolle Geschichte. Gab es Zeiten, in denen es kaum eine Rolle spielte, ja geradezu vergessen schien, erlebte es in anderen Epochen wahre Blütezeiten. Nach den Ägyptern nahmen sich die Römer und später die Venezianer seiner besonders an. War Glas jedoch früher ausschließlich den Reichen und Mächtigen vorbehalten, weil unerschwinglich für den einfachen Bürger, ist es heute jedem zugänglich, der sich an seiner Schönheit und – im wahrsten Sinne des Wortes – Ausstrahlung erfreuen möchte. Diese Entwicklung beruht im wesentlichen darauf, daß die Forschungsarbeit Otto Schotts es ab Ende des 19. Jahrhunderts ermöglichte, Glas mit genau definierten Eigenschaften zu schmelzen, und daß moderne Technologien hochwertige Gläser preiswert machten.

Um die Qualität zu beurteilen, kann man sich an einigen Kriterien orientieren. So sollte sich ein gutes Glas durch eine hohe Oberflächenhärte auszeichnen, die es kratz- und stoßfest macht und zudem den gewünschten klaren Klang bewirkt. Damit die Farbe des Getränks unverfälscht zur Geltung kommt, soll das Glas schlierenfrei und bei Tages- wie Kunstlicht farbneutral sein. Ein wulstfreier Mundrand sieht nicht nur schöner aus, er fühlt sich auch besser an. Außerdem kann ein solches Glas dank seiner höheren Elastizität Stöße beim Einschenken, Zuprosten und Spülen besser verkraften. Für einen sicheren Stand sorgt der tiefe Schwerpunkt. Ein gut proportioniertes Glas kippt auch gefüllt nicht so leicht.

Zu all diesen Eigenschaften, die sich vor allem auf dem gedeckten Tisch auswirken, sollte noch hinzukommen, daß das Glas optimal in der Spülmaschine zu reinigen ist. Das garantieren eine hohe Beständigkeit bei wechselnden Temperaturen und die Resistenz gegen Säuren und Laugen. Um Spülrückstände zu vermeiden, darf die Bodenplatte nur eine geringe Vertiefung aufweisen. Die Öffnung des Kelchs sollte weit genug sein, um auch ein problemloses Spülen und Polieren von Hand zu ermöglichen. Schließlich sollte noch sichergestellt sein, daß ein beliebtes und bewährtes Glas auch über einen längeren Zeitraum nachgekauft werden kann.

Für den kultivierten Stil des Hauses spricht die zweite Garnitur – vielleicht aus Bleikristall – für den besonderen Anlaß. So gibt man dem Gast ein Gefühl nahezu privater Betreuung, und die Tafel erstrahlt in zusätzlichem Glanz. Wer so „fast wie zu Hause", aber ohne die damit verbundenen Mühen, feiern kann, wird dieses Erlebnis sicher gern wiederholen.

Rotweinglas Weißweinglas Dessertweinglas Sherryglas

Für die Kompetenz des Hauses spricht die Wahl der richtigen Gläser zu den vom Gastgeber ausgesuchten Getränken. Weißweine, die es kühl mögen, in kleineren Gläsern zu servieren als Rotweine, die zu ihrer Entfaltung mehr Volumen brauchen, oder einen Weißherbst oder Roséwein im Kelch mit ausgestelltem Rand optimal zur Geltung zu bringen, zeichnet den Fachmann aus.

Die Glasmacher verstehen unter „ausgestellt", daß sich der Mundrand nach außen hin öffnet. Setzt man ein solches Glas an die Lippen, fließt der Wein in breitem Strom auf die Zunge. Der Duft und der Geschmack der Weine – ob rosé oder rot – entfalten sich dabei besonders gut.

Gläser mit eingezogenem Mundrand sind eher den trockenen und halbtrockenen Weinen vorbehalten. Diese Kelche haben eine enge Öffnung, die den Wein auf einen schmalen Strom konzentriert. Das fördert die Wahrnehmung fruchtiger Geschmacksanteile, die bei solchen Weinen im Vordergrund stehen.

Schöne eigenständige Gläser für Weißwein sind beispielsweise die Römer – mit braun geriffeltem Fuß für Rheinwein, schlankere Gläser mit glattem grünem Stiel für Elsässer Weine – oder das Treverisglas für Moselwein. Rotweine brauchen, um ihr Bouquet zu entwickeln, den Kontakt mit der Luft. In einem großvolumigen Glas gibt man ihnen dazu Gelegenheit. Durch Kreisenlassen und Schwenken des Glases kann man diesen Vorgang noch beschleunigen.

Der Trend zu Gläsern mit generell größeren Kelchen hat zu neuen Gepflogenheiten beim Einschenken geführt. War es früher richtig, ein Glas zu etwa zwei Dritteln zu füllen, gießt man die großvolumigen Kelche bis zur breitesten Schulterlinie, maximal zur Hälfte, voll. So erhalten die Weine durch die größtmögliche Oberfläche Gelegenheit, auch die subtilsten Feinheiten optimal zu entfalten.

Getränke, die schon immer mit den Sternstunden des Lebens verbunden waren, sind der Sekt und der Champagner. Hat man früher mit ihm nur auf den festlichen Anlaß angestoßen, wird er zunehmend ausgewählt, um einen ganzen Abend zu begleiten. Den hohen Anspruch dieses Getränks erfüllt natürlich nur ein typgerechtes Glas. Seine edle Form soll die Außergewöhnlichkeit unterstreichen, den Moussierpunkt und das spritzige Prickeln schön zur Geltung bringen.

Sehr beliebt ist Champagner als Begrüßungsdrink. Seine anregende Wirkung bringt die Gäste schnell in beschwingte Festlaune. Und oft beschließt Sekt auch als letzter Glanzpunkt die ganze Veranstaltung.

Nicht vergessen sollte man einen weiteren festlich einstimmenden Apéritif, den Sherry. Er ist ein nie aus der Mode kommender Klassiker. Sein besonderer Vorzug: Man kann ihn in geschmacklichen Varianten von trocken bis sehr lieblich anbieten, so daß eigentlich jeder seine Sorte auf dem Tablett findet. Natürlich erschließt sich auch der Charakter eines wohltemperierten Sherrys – Fino und Manzanilla sollten gut gekühlt angeboten werden – am besten im eigens dafür konzipierten Glas, der „copita" mit kleinem, tulpenförmigem Kelch.

Der Einfluß des Glases ist für jedes Getränk von Bedeutung. Auch Säfte und Mineralwasser machen da keine Ausnahme.

Bordeauxglas — Rosé- und Weißherbstglas — Burgunderglas

Champagnerglas
Sektkelch
Sektschale

Mineralwasserglas
Pilstulpe
Whiskyglas (Tumbler)
Schnaps- und Wodkaglas
Longdrinkglas

Martiniglas Cocktailschale Likörschale Likörkelch Cognacschwenker

Grogglas Tee- und Punschglas Irish-Coffee-Glas

Bestecke

Die Gabel ist das jüngste Mitglied der Besteckfamilie. Wahrscheinlich aus dem Orient stammend, liegt sie erst ein paar Jahrhunderte auf europäischen Tafeln. Ganz anders ihr Partner, das Messer. Seine Geschichte reicht zurück bis in die Steinzeit, als es sowohl beim Jagen wie auch beim Essen benutzt wurde. Um Flüssiges zu sich zu nehmen, bedienten sich die Jäger und Sammler der Steinzeit bereits schalenförmiger Naturprodukte beispielsweise Muscheln. Die ersten angefertigten Löffeln waren aus Holz, Knochen oder Horn. Holz blieb lange das gebräuchlichste Material.

Zum gemeinsamen Mahl brachte man Messer und Löffel als persönlichen Besitz mit. Die Geräte wurden in einen Behälter am Gürtel gesteckt, woraus sich der Name Besteck ableitet. Feste Speisen nahm man mit den Fingern oder mit der Messerspitze auf. Einen positiven Einfluß auf die Eßgewohnheiten nahmen im Mittelalter unter anderem die Klöster, und zwar ausgerechnet mit ihren Fastengeboten. Der Unmäßigkeit früherer Epochen wurde damit Einhalt geboten.

In der Renaissance wandten sich die Menschen wieder mehr dem genußvollen Leben zu und pflegten Verbindungen mit dem Orient. Das Essen erhielt einen neuen Stellenwert, noch dazu mit neuen Komponenten. Gute Köche waren gefragt, das Tranchieren – mit speziellen Messern und Gabeln – wurde zur höfischen Kunst, die Eßgeräte wurden aufwendig verziert.

Nach der entbehrungsreichen Zeit des 30jährigen Krieges erlebte die Kochkunst – und mit ihr die Tischkultur – eine neue Blüte. Silber wurde damals wegen seiner Wärmeleitfähigkeit, der hygienischen Vorteile und wegen seines edlen Aussehens zum bevorzugten Besteckmaterial. Die Eßgabel etablierte sich.

Die Besteckformen änderten sich, sie wurden schlanker; die Messerklingen erhielten ihre Rundung, da die Gabel das Aufspießen übernahm; die Stiele wurden länger.

Im Barock schuf man erstmals Messer, Löffel und Gabel mit gleichem Dekor in Sätzen von einem oder mehreren Dutzend. Es wurde Brauch, jedem Gast sein eigenes Gedeck aufzulegen.

Die neuen Getränke Kaffee und Tee brachten neue Formen der Geselligkeit mit sich – und neue Besteckteile. Kaffee-, Tee- und Mokkalöffel wurden gebraucht, Zucker- und Gebäckzangen, Sahnelöffel und Tortenmesser. Auch andere Spezialgeräte, die wir noch heute benutzen, entstanden in jener Zeit: Obst-, Dessert- und Fischbestecke, Austerngabeln, Kaviarbesteck und Schneckenzangen, Suppenschöpfer und Bowlenlöffel.

So manifestiert sich im Besteck ein Stück abendländischer Kultur, in der Essen nicht nur Nahrungsaufnahme bedeutet, sondern in der auch Ritual und Gastlichkeit zu den schönsten sozialen Aktivitäten zählen.

Die einzelnen Besteckteile von links nach rechts: Obstgabel, Obstmesser, Kuchengabel, Kompottlöffel, Kaffeelöffel, Mokkalöffel, Gourmetlöffel, Austerngabel, Hummergabel, Kaviarmesser und Kaviarlöffel oder -schaufel

Die einzelnen Besteckteile von links nach rechts: Dessertgabel, Dessertmesser, Dessertlöffel, Menügabel, Menümesser, Suppenlöffel (dieser größere Löffel wird eingedeckt, wenn die Suppe in Tellern angerichtet ist. Serviert man sie in einer Suppentasse, so deckt man einen kleineren abgerundeten Tassenlöffel oder den Dessertlöffel ein), Fischgabel und Fischmesser

Porzellan

Porzellan gehört zur großen Gruppe der Keramik, die alle Waren aus tonmineralhaltigen Rohstoffen umfaßt. Sie reicht vom einfachen Ziegelstein über Fayence und Steingut bis zum feinsten Porzellan.
Nach neuesten Erkenntnissen haben die Chinesen das Porzellan bereits über 1000 Jahre vor Christus als Ergebnis einer langen Entwicklungsarbeit erfunden. Seit dem 13. Jahrhundert erreichten einzelne Stücke des wertvollen Materials Europa, wo sie buchstäblich mit Gold aufgewogen wurden. Kaufleute, Forscher und Weltreisende brachten sie auf mühevollen Wegen in die Heimat. Der Venezianer Marco Polo war einer von ihnen, und er soll dem Material auch den Namen gegeben haben, abgeleitet von „porcella", der italienischen Bezeichnung einer wie Porzellan aussehenden Muschel. Ab dem 17. Jahrhundert kam Porzellan aus China in größeren Mengen nach Europa. Das Geheimnis seiner Herstellung blieb jedoch in den Landesgrenzen.
1709 wurde Porzellan in Deutschland ein zweites Mal erfunden. König August der Starke unterhielt in Dresden eine Versuchswerkstätte, die ihm ein Rezept zur Goldherstellung liefern sollte. Der in seinen Diensten stehende Johann Friedrich Böttger, Alchimist und Apotheker, erfand statt dessen das Porzellan. Die Versuchswerkstätte wurde umgewandelt in eine Manufaktur, die sich auf ihre Weise auch als Goldgrube erwies. Sie wurde später nach Meißen verlegt, von wo das europäische Porzellan seinen Siegeszug um die Welt antrat. Es folgten Manufakturgründungen in Wien, Sèvres, Chelsea und Kopenhagen sowie in mehreren deutschen Städten.
Am besten erkennt man Porzellan, wenn man es gegen das Licht hält: es ist durchscheinend. Weitere Merkmale sind der Oberflächenglanz, ein angenehmer heller Klang und die reine Farbe, von bläulichem Weiß bis zum Elfenbeinton. Eine Bruchstelle ist glatt und saugt kein Wasser auf.

Man unterscheidet Hart- und Weichporzellan. Hartporzellan wird vor allem auf dem europäischen Kontinent hergestellt, Weichporzellan kommt überwiegend aus China, Japan und England.
Das Flair von Noblesse und Kostbarkeit hat Porzellan, das „weiße Gold", im Laufe der Jahrhunderte nicht abgelegt. Seine Ausstrahlung ist kaum geringer als die jenes Edelmetalls, an dessen Herstellung der Sachsenkönig ursprünglich so sehr interessiert war.
Die Porzellanindustrie hat einen besonderen Zweig entwickelt, der sich auf Hotelporzellan spezialisiert hat. Die Anforderungen an Speise- und Getränkegeschirr für Gastronomie und Hotellerie sind hoch, denn Hotelporzellan wird im täglichen Gebrauch sehr strapaziert. Für seine Beschaffenheit gelten einige wichtige Kriterien. So muß es eine harte, möglichst glatte Oberfläche aufweisen, die gegen mechanische Beanspruchung besonders widerstandsfähig ist. Die hart gebrannte Porzellanglasur muß unangreifbar durch Säuren und Alkalien sowie ritz-, kratz- und schnittfest sein. Durch seine glatte Oberfläche läßt sich Porzellan gut reinigen, es ist geschmacks- und geruchsneutral und nimmt auch keinen Fremdgeruch oder -geschmack an.
Neben diesen materialgebundenen muß Hotelporzellan verschiedenen funktionellen Anforderungen gerecht werden. So sollte es einen dikkeren Scherben, spezielle Ränder-, Kanten- und Fußprofile aufweisen, die eine besonders hohe Schlagfestigkeit gewährleisten. Die verschiedenen Teile müssen sich gut stapeln lassen. Bei der Anschaffung von Porzellan sollte man zudem auf eine lange Nachkaufgarantie achten.
Für die Veranstaltung von Festen und Feiern ist es ideal, wenn sich der Gastronom zusätzlich zu dem alltäglichen Porzellan ein festliches Service anschafft, denn außergewöhnliche Anlässe erfordern auch einen außergewöhnlich eingedeckten Tisch.
Beispiele und Anregungen finden Sie auf den Seiten 42 ff.

Besondere Akzente kann man mit Platztellern setzen, die es aus Porzellan, aber auch aus Glas oder in Metallversionen gibt. Farbige oder versilberte Platzteller sind ein attraktiver Blickfang für jede festliche Tafel.

Platzteller aus Porzellan

Platzteller aus Glas

Platzteller aus Metall

Vorn steht die kleine Mokkatasse, links darüber die Kaffeetasse, rechts dahinter die Suppentasse auf einer Untertasse und einem Mittelteller. Hinter der Kaffeetasse steht der Brotteller, oben rechts stehen von oben nach unten der Salatteller, der Vorspeisenteller und zwei Teller für Hauptgerichte. Die Vorspeisen werden häufig auch auf den größeren Tellern angerichtet, die mehr Platz für Dekorationen bieten

Zusätzliche Einrichtungsgegenstände

Neben dem Grundinventar in Restauranträumen bietet es sich an, einige zusätzliche Gegenstände anzuschaffen, die das Servieren am Tisch der Gäste erleichtern.

Dazu zählen zum Beispiel Beistelltische, die es auch auf Rollen gibt. Man kann diese arretieren, so daß die Tische für Arbeitsvorgänge fest stehen. Die Beistelltische sollten der Tischgröße angepaßt sein, in der Regel sind sie etwa 90 x 50 Zentimeter groß. Auf Beistelltischen lassen sich größere Platten oder Schüsseln plazieren, und sie sind ideal, um am Tisch der Gäste kleinere Arbeiten zu verrichten.

Es gibt verschiedene Wagen, die das Servieren erleichtern, da man die Speisen und Getränke in der Küche aufbauen und dem Gast direkt präsentieren kann. Bei Servierwagen hat man die Wahl zwischen ungekühlten Ausführungen und solchen mit eingebauter Kühlung. Ein Servierwagen mit Kühlung ist ideal, um verschiedene Vorspeisen, Salate oder Desserts anzubieten. Käse dagegen wird stets ungekühlt präsentiert, da er so sein Aroma besser entfaltet. Für den privaten Haushalt gibt es einfacher gestaltete Servierwagen, die die Arbeit erleichtern (siehe Zeichnung).

Bietet man Flambiergerichte an, ist die Anschaffung eines Flambierwagens sehr praktisch, an dem die Zubereitung gleichzeitig professioneller wirkt. Für das Anrichten und Servieren größerer Fleischstücke, besonders bei Veranstaltungen mit vielen Gästen, bietet sich ein Fleischwagen (Voiture) (siehe Zeichnung) an, der mit einer beheizbaren Wanne versehen ist und das Tranchieren von Braten erleichtert.

Für die Gastronomie, vor allem für größere Feiern, ist es wertvoll, einen Barwagen (siehe Zeichnung) und/oder einen Digestifwagen anzuschaffen. In Erstgenanntem lassen sich Flaschen gut gekühlt transportieren, und die Getränke können den Gästen nach Wahl am Tisch zubereitet und serviert werden.

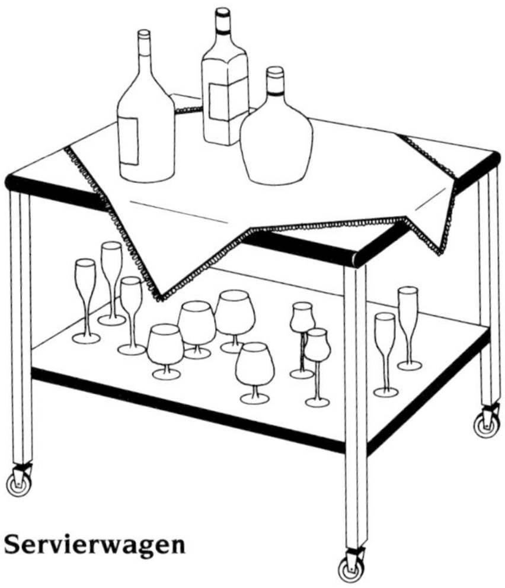

Servierwagen

Neben diesem die Einrichtung ergänzenden Inventar gibt es für Restaurants und auch den privaten Haushalt eine Reihe nützlicher Helfer. Hierzu zählen verschiedene Kühler für Sekt, Champagner und Wein, sowie Würfeleisbehälter für die Zubereitung eisgekühlter Drinks an der Bar.

Auch Wärmevorrichtungen, wie Rechauds, Stövchen, größere Einheiten für Buffets, Wärmelampen für das Warmhalten von Fleisch beim Tranchieren am Buffet, sollten stets in ausreichendem Umfang zur Verfügung stehen.

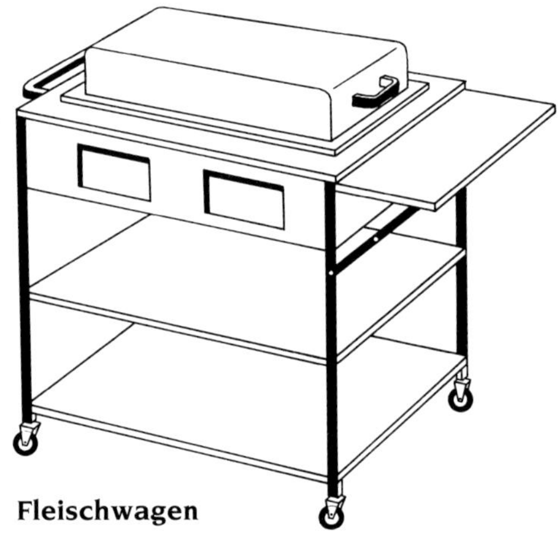

Fleischwagen

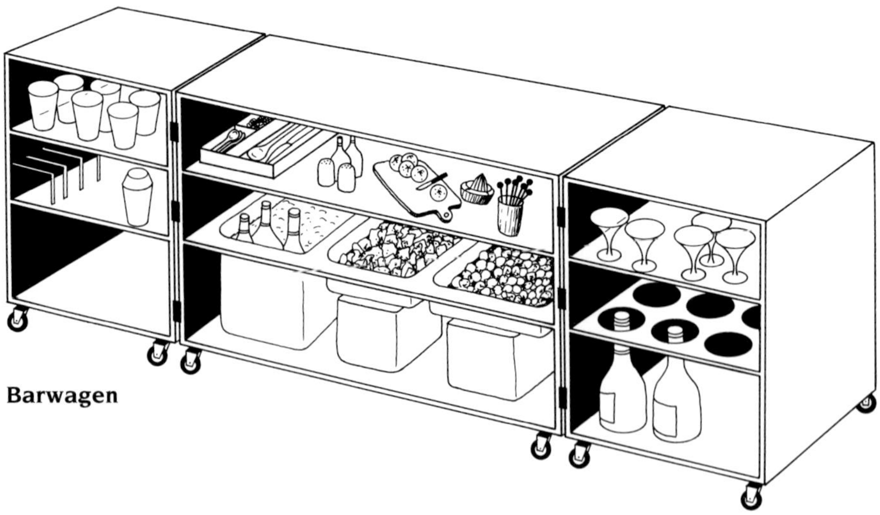

Barwagen

Die Dekoration

Schon bei der Wahl der Einrichtungsgegenstände, wie dem Teppichboden, den Vorhängen, den Tischen und Stühlen, muß man daran denken, daß diese zu jeder Art von Veranstaltung passen sollten – zu der eher nüchternen Atmosphäre einer Konferenz ebenso wie zu einem gemütlichen Beisammensein zur Weihnachtszeit oder einer bunt geschmückten Silvesterfeier.
Die Raumdekoration beginnt bei der Anordnung der Tische und Sitzgelegenheiten. Sind alle Elemente beweglich, so ist es leicht, einen Raum dem Anlaß entsprechend zu gestalten, eventuell eine große Tafel mit Schmucktischen aufzubauen, kleinere Personengruppen um eine Tanzfläche zu plazieren oder mit Trennelementen zu arbeiten. Es ist gut, wenn der Gastronom Skizzen von möglichen Formen der Raumaufteilung für verschieden große Gesellschaften anfertigt. Anhand dieser Unterlagen kann er dem jeweiligen Gastgeber konkrete Vorschläge zur Raumaufteilung unterbreiten.
Sind Tische und Stühle aufgestellt, wählt man die Tischwäsche, das Porzellan, die Bestecke und Gläser sowie die Blumen passend zu der Feierlichkeit aus. Zusätzliche Gegenstände, wie Kerzenleuchter, Vasen für Blumenarrangements und Tischkarten, sollten ebenfalls stilgerecht sein. Verschiedene Accessoires können darüber hinaus die Tische bereichern, wie die verschiedenen Vorschläge Seite 42 ff. zeigen. So kann man die Tische für ein Sommerfest durch dekorativ angeordnetes Obst und Gemüse beleben oder bei einer Silberhochzeit durch silberne Efeuranken die passende Atmosphäre schaffen. Mit ein wenig Phantasie erzielt man ohne großen Aufwand eine enorme Wirkung, und die Gäste behalten das Fest lange und gut in Erinnerung.
Ein wichtiges Dekorationselement sind gefaltete Servietten. Diese müssen, wenn sie aus Stoff gefertigt sind, gut gestärkt und gebügelt sein, damit man sie leicht in verschiedenen Formen gestalten kann. Vorschläge finden Sie auf den Seiten 16 ff.

Das Eindecken

Eine gute Vorbereitung und Organisation muß dem Auf- und Eindecken (Mise-en-place) vorausgehen. Hierzu gehört, daß alle Geschirrteile auf perfekte Sauberkeit geprüft und bereitgestellt werden.
Das Aufdecken umfaßt die Vorbereitung des Raumes und das Auflegen der Tischwäsche. Vom Eindecken spricht man, wenn anschließend das Geschirr, die Besteckteile und die Gläser plaziert werden. Die Tischanordnung wird also als erstes getroffen, und die Stühle werden zurechtgerückt.

Auflegen eines Tischtuches

Die Falten eines Tischtuches bezeichnet man in der Fachsprache als Brüche. Durch das Mangeln und Zusammenlegen des Tuches entstehen die Quer-, Mittel- und Unter- und Oberbrüche. Alle Tischtücher sollten mit ihren Brüchen in gleicher Richtung aufgelegt werden. Zum Verlängern legt man gleiche Brüche zweier Tischtücher leicht überlappend aufeinander, meist Oberbruch zu Oberbruch.
Schlagen Sie das Tischtuch der Länge nach auseinander und legen es quer vor sich auf die Tischplatte, so daß die offene Seite mit dem Mittelbruch oben Ihnen zugewandt liegt. Nun greifen Sie das Tischtuch mit beiden Händen, den Mittelbruch zwischen Mittelfinger und Zeigefinger. Fassen Sie gleichzeitig das obere Blatt des Tuches mit Daumen und Zeigefinger, breiten die Arme aus und heben das Tuch an. Lassen Sie das Tischtuch auf der Ihnen gegenüberliegenden Seite 20 bis 25 Zentimeter herunterhängen und ziehen es jetzt zu sich hin. Das Tuch muß zuletzt gleichmäßig und glatt aufliegen.
Sehen Sie dazu die nebenstehende Fotoreihe.

Auflegen von Besteckteilen

Man spricht beim Eindecken von einfachen und erweiterten Gedecken. Streng gesehen besteht das einfache Gedeck nur aus Messer und Gabel sowie der Mundserviette. Jedes weitere Besteckteil bedeutet bereits eine Erweiterung.
Beim Auflegen eines einfachen Gedecks, es wird auch als Grundgedeck bezeichnet, beginnt man mit der Markierung der Plätze durch eine ungefaltete oder bereits gefaltete Serviette oder einen Platzteller. Anschließend legt man links die Gabel und rechts das Tafelmesser mit der Schneide nach innen auf.
Möchte man dieses einfache Gedeck erweitern, so geht man immer von innen nach außen vor. Der Gast dagegen benutzt die Besteckteile in umgekehrter Richtung, nämlich von außen nach innen.
Links von der Gabel steht der Brotteller, auf den das Buttermesser mit der Schneide nach außen gelegt wird. Der Löffel für die Suppe wird rechts vom Tafelmesser eingedeckt. Serviert man zwischen dem Hauptgang und der Suppe ein warmes Fischgericht, muß die Fischgabel links eventuell etwas nach oben verschoben von der Gabel für den Hauptgang liegen. Das Fischmesser wird rechts vom Tafelmesser in gleicher Höhe wie dieses eingedeckt. Der Löffel für die Suppe liegt nun außen rechts neben dem Fischmesser.
Ingesamt dürfen sich nicht mehr als drei Besteckteile links und nur vier Besteckteile rechts vom Teller befinden. Benötigt man bei einem großen Menü zusätzliche Besteckteile, werden diese nachgedeckt.
Das Dessertbesteck, bestehend aus Dessertlöffel und -gabel, sowie das Besteck für den Käse, liegen oberhalb des Gedecks. Die Auswahl der Bestecke richtet sich nach der Speisenfolge. Für die Vorspeise setzt man das Mittelbesteck ein. Es wird als Vorspeisenbesteck bezeichnet, der Fachhandel spricht vom Menübesteck. Für Fischgerichte verwendet man das Fischbesteck (siehe dazu Seite 26). Werden Vorspeisen im Glas oder in einem Schälchen angerichtet, ißt man diese mit einer Mittelgabel und einem kleinen Löffel.

Einsetzen der Gläser

Erst wenn die Platzteller oder Mundservietten sowie die Besteckteile eingedeckt sind, stellt man die Gläser entsprechend der Getränkefolge dazu. Über der Spitze des Tafelmessers für den Hauptgang steht das Glas für das dazu ausgewählte Getränk. Man bezeichnet es auch als das Stand- oder Richtglas. Das Glas für ein vorher gereichtes Getränk steht vor dem Richtglas, das Glas für das Getränk nach dem Hauptgang steht dahinter. Die Gläser werden so plaziert, daß der Gast leicht das jeweils richtige Glas nehmen kann, also nicht um andere herum greifen muß. Insgesamt werden nicht mehr als vier Gläser eingedeckt, gegebenenfalls reicht man ein Glas nach. Es ist wichtig und sorgfältig zu prüfen, daß für jedes Getränk auch das richtige Glas eingesetzt ist. Sind zum Beispiel zwei Weißweine vorgesehen, sollten unterschiedliche Weißweingläser eingedeckt werden, um es dem Service und dem Gast zu erleichtern, beide Weine zu unterscheiden.

Das Auflegen eines Tischtuchs

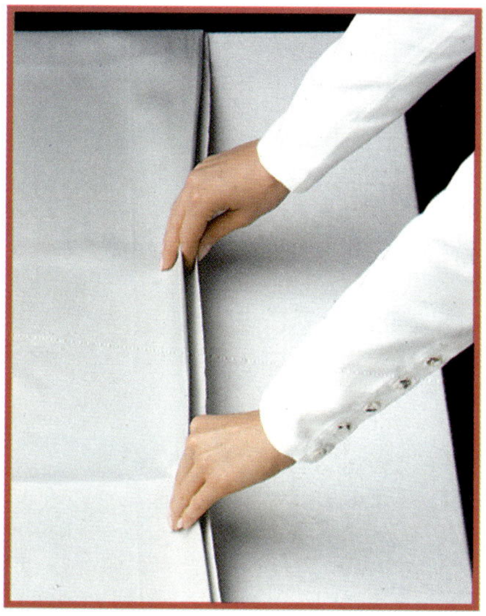

Breiten Sie das Tischtuch zur Hälfte aus und legen es quer so vor sich auf den Tisch, daß es an der gegenüberliegenden Seite 20 bis 25 cm über die Tischkante hängt. Die offene Seite des Tischtuchs, mit dem Mittelbruch nach oben, liegt Ihnen zugewandt. Nehmen Sie das Tuch mit beiden Händen, den Mittelbruch zwischen Mittel- und Zeigefinger. Fassen Sie gleichzeitig das obere Blatt des Tuches mit Daumen und Zeigefinger

Breiten Sie die Arme aus und heben das Tuch an

Das Wechseln der Tischwäsche

Wollen Sie das Tischtuch wechseln während Gäste im Restaurant sind, so legen Sie zunächst das neue Tischtuch wie links beschrieben quer auf, so daß es über die Tischkante hängt. Klappen Sie das darunterliegende gebrauchte Tuch auf der Ihnen gegenüberliegenden Seite nach oben zurück

Ziehen Sie beide Tücher gleichzeitig zu sich hin, so vermeiden Sie, daß die am Tisch sitzenden Gäste die nicht sehr attraktive Moltonunterlage sehen können. Durch die Verbindung der beiden Arbeitsschritte können Sie größere Störungen im Restaurant und am Tisch selbst gut vermeiden

Nehmen Sie das neue Tischtuch wie oben links beschrieben mit beiden Händen. Fassen Sie das zurückgeklappte gebrauchte Tischtuch, wie im Bild gezeigt, zusammen mit dem neuen

Das neue Tischtuch liegt jetzt ordnungsgemäß glatt auf dem Tisch auf

1. Beim Auflegen eines Gedecks beginnt man entweder mit einem Platzteller oder mit der Serviette. Der Platzteller bestimmt die Position der Besteckteile für den Hauptgang

2. Wird im ersten Schritt ein Platzteller eingedeckt, so legen Sie anschließend die Mundserviette darauf

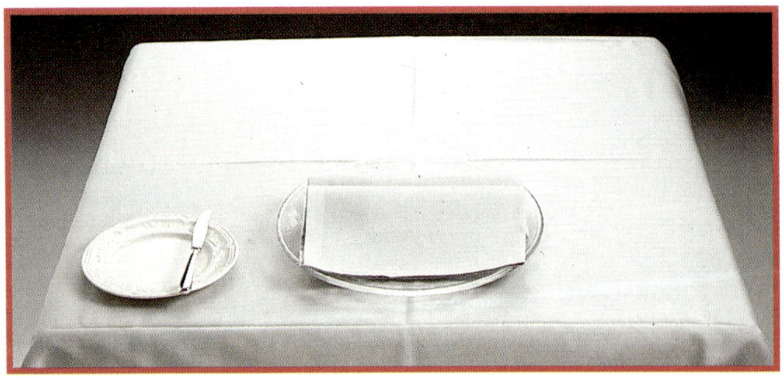

3. Plazieren Sie den Brotteller mit dem Buttermesser links vom Gedeck. Die Schneide des Messers zeigt nach außen

4. Die Besteckteile für verschiedene Gänge deckt man von innen nach außen ein. Das Messer für den Hauptgang liegt rechts vom Teller mit der Schneide nach innen, die Gabel liegt links. Den Abstand bestimmen entweder der Platzteller oder der Eßteller zum Hauptgericht

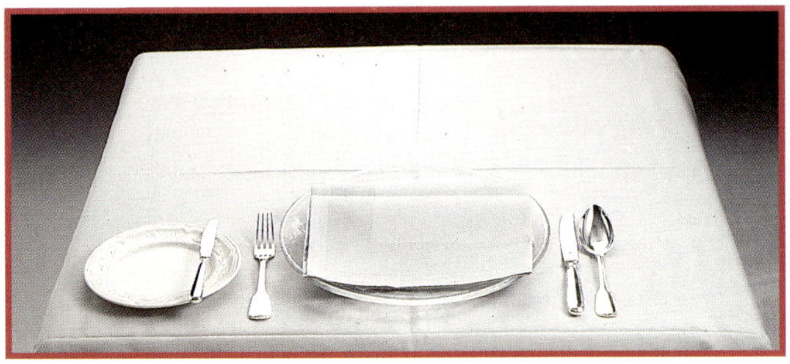

5. Als Erweiterung wird, wenn eine Suppe vorgesehen ist, der Suppenlöffel eingedeckt. Er liegt rechts neben dem Messer zum Hauptgang

6. Das Dessertbesteck legen Sie oberhalb des Gedecks – den Gabelgriff nach links, den Löffelgriff nach rechts

7. Das Glas für das Getränk zum Hauptgang steht oberhalb der Spitze des Menü- oder Tafelmessers

8. Die Menüfolge besteht hier aus einer kalten Fischvorspeise, einer Suppe und einem Fleischhauptgang sowie Käse zum Dessert. Für den Käse wird das Besteck oberhalb des Gedecks gelegt, das Käsemesser mit dem Griff nach rechts, darüber die Käsegabel mit dem Griff nach links. Das Glas für den Weißwein zum Fisch stellt man rechts unterhalb des Rotweinglases zum Hauptgang

Gedeck 1: Weißwein-, Rotwein-, Sektglas; Buttermesser, Menübesteck, Suppenlöffel, Tafelbesteck, Dessertlöffel und -gabel; Brotteller, Platzteller mit Mundserviette; für: kalte Vorspeise mit Brot und Butter und Weißwein, Suppe, Hauptgang mit Rotwein, Dessert mit Sekt

Gedeck 4: Weißwein-, Rotwein-, Champagnerglas; Buttermesser, Fischbesteck, Suppenlöffel, Tafelbesteck, Dessertlöffel und -gabel; Brotteller, Platzteller mit Mundserviette; für: kalte Fischvorspeise mit Brot und Butter und Weißwein, Suppe, Hauptgang mit Rotwein, Dessert mit Champagner

Gedeck 5: Weißwein-, Burgunder-, Champagnerglas; Buttermesser, Suppenlöffel, Fisch- und Tafelbesteck, Dessertlöffel und -gabel; Brotteller, Platzteller mit Mundserviette; für: Suppe mit Brot und Butter, warmer Fischgang mit Weißwein, Hauptgang mit Burgunder, Dessert mit Champagner

Gedeck 2: Weißwein-, Rotwein-, Sektglas; Buttermesser, Suppenlöffel, Fisch- und Tafelbesteck, Dessertlöffel und -gabel; Brotteller, Platzteller mit Mundserviette; für: Suppe mit Brot und Butter, warmer Fischgang mit Weißwein, Hauptgang mit Rotwein, Dessert mit Sekt

Gedeck 3: Champagner-, Rotwein-, Roséweinglas; Buttermesser, Fischbesteck, Suppenlöffel, Tafel- und Käsebesteck; Brotteller, Platzteller mit Mundserviette; für: kalte Fischvorspeise mit Brot und Butter und Champagner, Suppe, Hauptgang mit Rotwein, Käse mit Roséwein

Das richtige Servieren

Ein mit viel Sorgfalt zubereitetes Menü und dazu ausgewählte Getränke erreichen erst durch das richtige Servieren ihre Vollendung. Dem Servieren muß man vor allem in der Gastronomie besonderen Wert beimessen. Dazu gehört, daß nicht allein Tätigkeiten wie Anbieten, Reichen, Vorlegen, Einschenken und Abräumen sorgfältig ausgeführt werden, sondern es schließt die gesamte Organisation im Restaurant ein.
Das eigentliche Servieren unterliegt festen Regeln, die die Arbeit erleichtern und in hohem Maße zum Gelingen eines Festes beitragen.

Servierregeln

Bei größeren Gesellschaften sorgen entsprechend viele Servicemitarbeiter für das leibliche Wohl der Gäste. Damit alle ungestört arbeiten können, ist es wichtig, den Ablauf gut zu organisieren und gewisse Regeln einzuhalten. Bestimmte Arbeiten führt man von der linken Seite des Gastes aus, andere wiederum von der rechten Seite. Laufen die Tätigkeiten wohlkoordiniert ab, können alle Servicemitarbeiter im gleichen Rhythmus und ungestört arbeiten.
Wird von links serviert, geht man rechts um den Tisch, serviert man von rechts, geht man entsprechend links herum. Daraus ergibt sich, daß man beim Servieren niemals rückwärts gehen muß. Alle mit dem Service betrauten Mitarbeiter beginnen gleichzeitig auf ein Zeichen des Oberkellners bei dem für sie vorbestimmten Gast mit dem Servieren.

Folgende Arbeiten führt man von links aus:

- das Präsentieren von schön garnierten Platten, bevor die Speisen vorgelegt werden;
- das Reichen von Speisen in einer Schüssel oder auf einer Platte zur Selbstbedienung der Gäste;
- das Vorlegen von Speisen von einer Platte oder aus einer Schüssel;
- das Ausheben der Teile, die von links eingesetzt wurden. Man verfährt zum Beispiel mit Salattellern in dieser Weise. Sie werden stets an der linken Seite des Gedecks plaziert, und man geht dann im Uhrzeigersinn, also links herum, um die Tafel.

Folgende Arbeiten führt man von rechts aus:

- das Einsetzen von Getränken, leeren Tellern für den nächsten Gang und von auf Tellern angerichteten Speisen;
- das Abräumen von Gläsern, Bestecken und Geschirr: Was von rechts eingesetzt wurde, wird auch von rechts wieder abgeräumt;
- das Präsentieren von Wein-, Sekt- oder Champagnerflaschen vor dem Gastgeber.

Servieren von Speisen

Beim Servieren von Speisen gilt, daß man leere Teller von rechts einsetzt und die Speisen von links vorlegt. Ist ein Teller mit einer Vignette oder einem Namenszug versehen, so plaziert man ihn so, daß diese oben stehen. Beim Anrichten ist dann zu beachten, daß das Fleischstück, als Hauptbestandteil eines Gerichtes, der Vignette gegenüber, also auf die untere Tellerseite, gelegt wird. Bereits angerichtete Teller werden immer von rechts und so eingesetzt, daß der Hauptbestandteil des Gerichtes, meist Fleisch oder Fisch, an der unteren Tellerseite, also zum Gast hin, liegt. Sättigungsbeilagen werden links, Gemüse rechts auf dem Teller angeordnet.
Werden zusätzliche Beilagen auf Platten oder in Schüsseln gereicht, so stellt man diese rechts oberhalb des Gedeckes hin. In der Regel werden den Gästen alle Speisen nochmals angeboten. Man umgeht dadurch, daß der erste Teller überladen ist und wird den unterschiedlichen Ansprüchen der Gäste besser gerecht.
Vorwiegend bei Familienfesten kann man mit dem Servieren von Speisen variieren und Schüsseln mit Beilagen und Saucièren sowie vorgewärmte Teller einsetzen und Fleisch oder Fisch auf Platten reichen. Diese werden entweder von Servicemitgliedern vorgelegt oder von den Gästen herumgereicht. Letzteres führt jedoch leicht zu Unruhe am Tisch.
Wie man Teller beim Servieren richtig trägt und wie man Besteck beim Vorlegen hält, zeigen die Fotoreihen.

Das Tragen von Tellern

Beim Servieren wird das Geschirr mit der linken Hand getragen, mit der rechten verrichtet man Arbeiten, wie Einsetzen, Ausheben, Vorlegen, Einschenken u. a. Den linken Unterarm hält man möglichst waagrecht —das erhöht die Balance und gibt mehr Sicherheit.

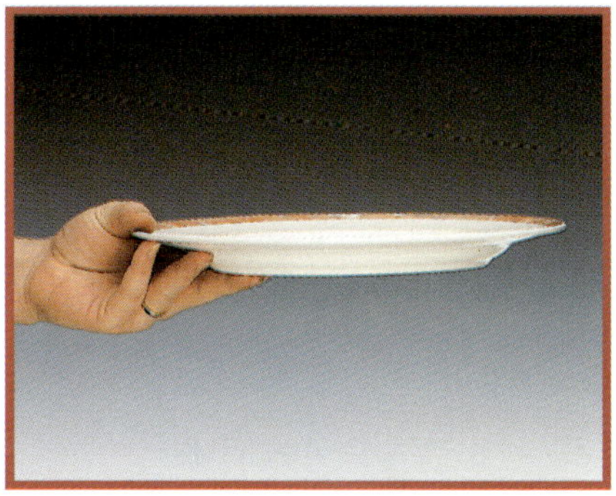

1. Variante: Den ersten Teller nehmen Sie zwischen Daumen und Zeigefinger und stützen ihn mit den restlichen Fingern ab

Der zweite Teller wird unter den ersten geschoben. Teller liegt auf Teller. Der Zeigefinger darf nicht dazwischengeraten

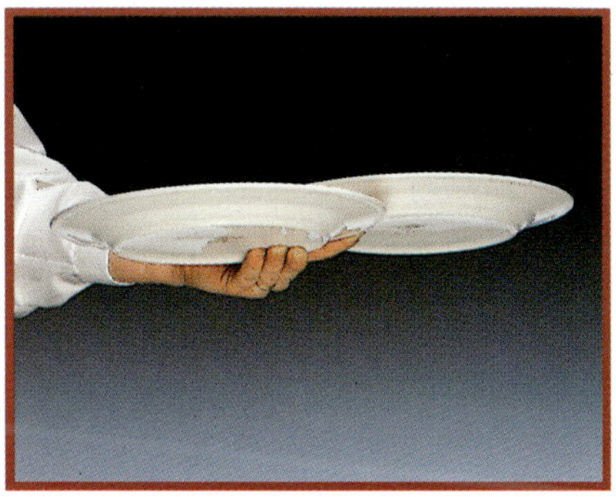

Den zweiten Teller stützen Sie mit Mittel- und Ringfinger sowie mit dem kleinen Finger ab

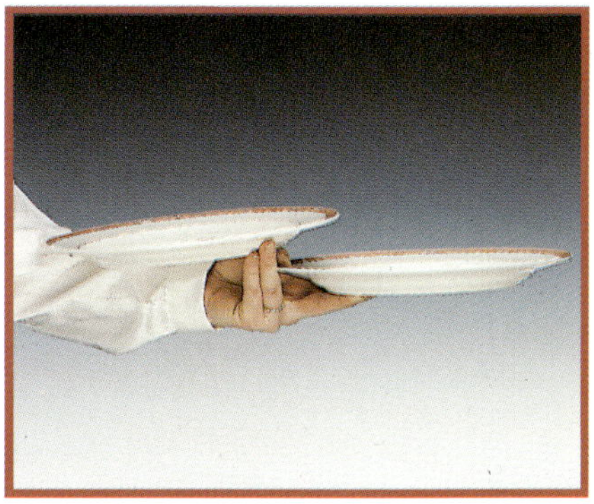

2. Variante: Nehmen Sie den ersten Teller zwischen Daumen und Zeigefinger und stützen ihn mit dem Mittelfinger, die Hand dabei einwinkeln. Die anderen beiden Finger nach oben stellen und nun den zweiten Teller auf den Unterarm, den Ballen und die Finger plazieren

So kann man Speisen gut tragen und Geschirr abräumen. Man stapelt weitere Teller auf den oberen, Besteck und Speisereste kommen auf den unteren

Bei dieser Variante können Sie bei nach innen abgewinkeltem Handgelenk einen dritten Teller unter den ersten und auf den Unterarm setzen. Auf den ersten Teller ordnet man das Besteck, auf den zweiten stapelt man weitere Teller, auf den dritten unteren Teller kommen Speisereste

Das Vorlegen

Nehmen Sie das Besteck locker in die Hand. Schieben Sie Ihren Zeigefinger zwischen Gabel und Löffel, so daβ die Gabel auf und ab bewegt werden kann

Soll die „Zange" geschlossen werden, um zum Beispiel eine Scheibe Fleisch zu greifen, ziehen Sie einfach den Zeigefinger weg. Durch leichten Druck des Daumens wird die Scheibe gehalten

Wenn Sie beim „Zangengriff" die Gabel umdrehen, können Sie damit Brötchen oder Gebäckstücke greifen

Präsentieren und Servieren von Getränken

Alle Getränke werden grundsätzlich von der rechten Seite gereicht. Gefüllte sowie leere Gläser setzt man ebenfalls von rechts ein. Werden die Getränke in Flaschen am Tisch serviert, wird ebenfalls von rechts in die vorgesehenen Gläser eingeschenkt.

Vor dem Einschenken präsentiert man die noch geschlossene Flasche von rechts. Der Gastgeber kann sich durch diese Geste von der Richtigkeit seiner Bestellung überzeugen. Nach Bestätigung öffnet die Bedienung die Flasche auf dem Serviertisch in Sichtweite des Gastes. Handelt es sich um Weißwein, so wird zunächst mit dem Korkenziehermesser (Kellnermesser) die Kapsel über dem Wulst am Flaschenhals oder wie beim Rotwein unterhalb des Wulstes sauber abgeschnitten. Der Korkenzieher wird gerade und in der Mitte des Korkens angesetzt, und dieser dann herausgezogen. Die Flaschenöffnung wird vorsichtig mit einer Papierserviette gesäubert. Anschließend prüft die Bedienung den Korken durch eine Geruchsprobe auf einen Fehler. Der Korken wird dann auf einen kleinen Teller gelegt und dem Gastgeber ebenfalls zur Geruchsprobe präsentiert. Zusätzlich zu dieser Prüfmethode lassen sich von der Qualität des Korkens und dem Korkbrand Rückschlüsse auf die Güte des Weines ziehen. Dem Gastgeber wird nun ein Probeschluck eingeschenkt. Der erfahrene Weinkellner (Sommelier) wird seinerseits ebenfalls einen Probeschluck aus einer Probierschale nehmen.

Ist der Wein gut, wird den Gästen eingeschenkt, zuerst dem Ehrengast oder der ältesten Dame beziehungsweise dem ältesten Herrn, dann den übrigen Damen und Herren und zuletzt dem Gastgeber. Bei einem Bankett sucht der Gastgeber vorher den Wein aus und probiert ihn. Auch hier beginnt man mit dem Einschenken beim Ehrengast.

Bei Weißwein, Rosé und Weißherbst wird das Glas nur maximal bis zur Hälfte gefüllt. Weißweingläser haben einen kleineren Kelch als Rotweingläser. Es muß entsprechend öfter nachgeschenkt werden, und der Wein bleibt so immer kühl und frisch.

Rotweine serviert man in Gläsern mit einem größeren Kelch. Man füllt diesen nur bis zur breitesten Schulterlinie, maximal zur Hälfte, damit eine möglichst große Oberfläche die Aromaentfaltung ermöglicht. Ältere Rotweine werden im Wein- oder Dekantierkorb serviert. Die Flasche wird vorsichtig in der Schräglage, möglichst einige Zeit vor dem Servieren, geöffnet. Durch die Schräglage hat der Wein in der Flasche eine größere Oberfläche, dadurch ist der Kontakt mit dem Sauerstoff intensiver, und die Inhalts- und Aromastoffe werden aktiviert.

Alle Rotweine, besonders alte Bordeauxweine, die zur Depotbildung (Satzbildung) neigen, werden dekantiert. Das Dekantieren setzt jedoch detaillierte Weinkenntnisse voraus, da es leicht passieren kann, daß ein alter Rotwein dabei „umkippt".

Sekt und Champagner werden bei einer Temperatur von 8 bis 10° C serviert. Die Flasche muß ohne vorheriges Schütteln in einem mit Eis und Wasser gefüllten Kühler zum Tisch des Gastes gelangen. Beachtet man diese Regel nicht, wird der Sekt „wild", der Korken knallt beim Öffnen, und der Inhalt schäumt aus der Flasche. Man öffnet die Sekt- oder Champagnerflasche, indem man sie aus dem Kühler hebt und sie auf den Serviertisch stellt. Anschließend wird die Kapsel entfernt. Man nimmt das Serviertuch und umfaßt damit den Korken. Mit der anderen Hand wird der Drahtbügel entfernt, indem man die Schlaufe hin und her bewegt, bis der Draht bricht. Durch festes Drehen des Korkens – nicht der Flasche – läßt sich dieser langsam herauslösen. Der Korken wird nun mit dem Serviertuch festgehalten, er darf nicht herausfliegen. Man gießt erst einen Schluck in die Gläser und füllt sie dann bis maximal zu zwei Dritteln.

Das Einschenken von Wein

Halten Sie die Flasche so, daß das Etikett nicht von der Hand verdeckt wird. Beim Einschenken einer Probe muß das Etikett dem Gastgeber sichtbar sein

Beim Eingießen darf die Flasche nicht das Glas berühren. Man füllt das Weinglas nur gut zu einem Drittel

Um zu vermeiden, daß ein Tropfen auf das Tischtuch fällt, dreht man die Flasche zuletzt aus dem Handgelenk heraus nach oben

Der Aufbau eines Buffets

Bei einer größeren Gesellschaft ist es in vielen Fällen schwierig, mit einem Menü jedem Geschmack gerecht zu werden. Ab mindestens 25 Personen bietet es sich an, eine Auswahl von Vor-, Haupt- und Nachspeisen in Form eines Buffets zu präsentieren.

Besonders für den gastronomischen Betrieb ist diese Art, Speisen anzurichten, von Vorteil. Da alles in der Küche rechtzeitig vorbereitet und angerichtet werden kann, ist der Personalaufwand geringer.

Man unterscheidet verschiedene Arten von Buffets. Lädt der Betrieb selbst – zum Beispiel zum Brunch, zum Mittagessen, zu einem Silvesterball und ähnlichem – ein, ist ein offenes Buffet ideal. Die Gäste bedienen sich selbst, und das Personal ist dabei behilflich. Die Speisen werden portionsweise angerichtet. Man erhebt einen Pauschalpreis, der vom Gast entweder vorher oder am Tisch bezahlt wird. Die Gäste können sich dann beliebig oft bedienen.

Bei einer geschlossenen Veranstaltung wird das Buffet nach den Wünschen des Gastgebers und der Zahl der Gäste organisiert und in Rechnung gestellt.

Bei einem Empfang bietet sich ein kaltes Buffet an, von dem sich die Gäste selber bedienen und ihre Speisen an eingedeckten Tischen oder im Stehen einnehmen.

Bei einem Stehempfang müssen die Speisen mundgerecht angerichtet sein. Das kalte Buffet kann auch durch Platten mit kleinen warmen Happen ergänzt werden.

Buffets mit ausschließlich warmen Gerichten sind seltener anzutreffen. Hier richtet in der Regel ein Koch die in Warmhaltevorrichtungen präsentierten Speisen auf Tellern an.

Die wohl beliebteste Art ist das kombinierte kalt-warme Buffet. Die Schüsseln und Platten sind entsprechend der Speisenfolge eines Menüs auf dem Buffet plaziert. Es beginnt mit kalten Vorspeisen, Suppen, warmen Vorspeisen und/oder warmen Fischvorspeisen. Es folgen die Hauptgerichte mit Beilagen, Salaten und den jeweiligen Dressings. Käse und Süßspeisen stehen am Ende des Buffettisches oder sind auf einem separaten Tisch angerichtet.

Im Mittelpunkt des Aufbaus sollte stets ein besonders reich dekorierter Blickfang, zum Beispiel ein Blumengesteck, stehen.

Bestecke, Gläser, Servietten, gegebenenfalls Brotkörbe und Butter werden in der Regel auf den Tischen der Gäste eingedeckt. Bestecke und Servietten können auch am Anfang des Buffets bei den Tellerstapeln angeordnet sein.

Für die Form, in der Buffettische aufgebaut werden, und für die entsprechende Gehrichtung der Gäste gibt es Varianten, zum Beispiel die gerade Form, bei der die Buffettische frei oder entlang einer Wand stehen. Die Gäste gehen von rechts nach links, bei großen Aufbauten können die Speisen auch spiegelsymetrisch angeordnet sein, so daß die Gäste, wie bei der U-Form gezeigt, an beiden Seiten des Buffettisches mit der Auswahl der Speisen beginnen können (siehe dazu die Zeichnungen Seite 40 f.).

Die Tellerstapel, Bestecke und Servietten kann man direkt auf den Buffettisch oder auf einen Beistelltisch plazieren. Die Suppentassen und Untertassen stehen neben dem in einem Wasserbad warmgehaltenen Suppentopf, die Teller müssen in der Nähe der Warmhaltevorrichtung für die jeweiligen Speisen in Tellerrechauds bereitstehen.

Ein Buffet kann natürlich auch ohne die Selbstbedienung der Gäste angelegt sein. Jeder wählt sich die Speisen, die er gerne essen möchte, aus. Diese werden dann vom Personal auf Tellern angerichtet und dem Gast am Tisch serviert.

In jedem Fall ist bei einem Buffet vom Servicepersonal größte Aufmerksamkeit gefordert. Es muß stets auf die Sauberkeit der Tische geachtet, benutztes Geschirr und Bestecke müssen zügig abgeräumt werden. Leere Platten und Schüsseln sollten in einem realistischen Rahmen nachgefüllt werden, damit zum einen kein Gast das Gefühl hat, nicht alles probieren zu können oder schlimmer noch – nicht satt zu werden, zum anderen das Buffet rentabel bleibt. Auch der Getränkeservice muß reibungslos funktionieren.

Neben den genannten Buffetarten gibt es noch weitere wie das Frühstücksbuffet und solche, die Teile eines Menüs präsentieren, wie das Vorspeisen-, das Salate- oder das Dessertbuffet.

Je nach Art der Veranstaltung muß man die Auswahl der Speisen treffen und passende Dekorationen für die Tische und den Raum aussuchen. So kann der Aufbau rustikal oder edel sein oder unter einem bestimmten Motto stehen.

Vorbereitung eines Buffets

Der erste wichtige Arbeitsschritt bei der Vorbereitung ist, die Raumaufteilung entsprechend der Gästezahl vorzunehmen. Werden mehr als 100 Personen erwartet, ist es sinnvoll, mehrere Buffetblöcke aufzubauen.

Da ein Buffet im Vergleich zu einem am Tisch servierten Menü mehr Unruhe in eine Veranstaltung bringt, sollte man kleinere Tische für sechs bis acht Personen eindecken, da hier das ständige Aufstehen weniger störend als an einer großen Tafel empfunden wird. Aus diesem Grund ist bei einer Feier mit einem eher ruhigen, würdigen Charakter, wie einer Hochzeit, von einem Buffet abzuraten.

Je nach den gegebenen Räumlichkeiten werden Buffettische in Längs-,U-, halbovaler oder runder Form gestellt. Anschließend werden die Tische für die Gäste plaziert. Ist die Raumordnung getroffen, werden die Moltons, Tafel- und Buffettücher oder -schürzen aufgelegt (siehe dazu Seite 12 f.). Im nächsten Arbeitsschritt baut man die Tellerstapel auf den Buffettisch auf. Die Zahl der Teller sollte etwa doppelt so groß sein wie die der erwarteten Gäste. Empfehlenswert ist eine Reserve bereitzustellen. Nun werden die Gedecke auf die Gästetische aufgelegt. Diese bestehen aus den gefalteten Servietten, Besteckteilen, die dem Speisenangebot entsprechen, aus Brottellern mit Buttermessern und aus den passenden Gläsern. Auch die Tischdekorationen werden plaziert. Sind Buffetkarten erwünscht, werden diese zu jedem Gedeck gelegt. Nun beginnen die Mise-en-place-Arbeiten. Alle Geschirrteile werden auf Sauberkeit geprüft und, zum Beispiel Apéritifgläser und Getränke, Kaffeegeschirr und anderes, bereitgestellt. Nach einem vorab erstellten Plan bauen die Mitarbeiter der Küche etwa eine viertel bis eine halbe

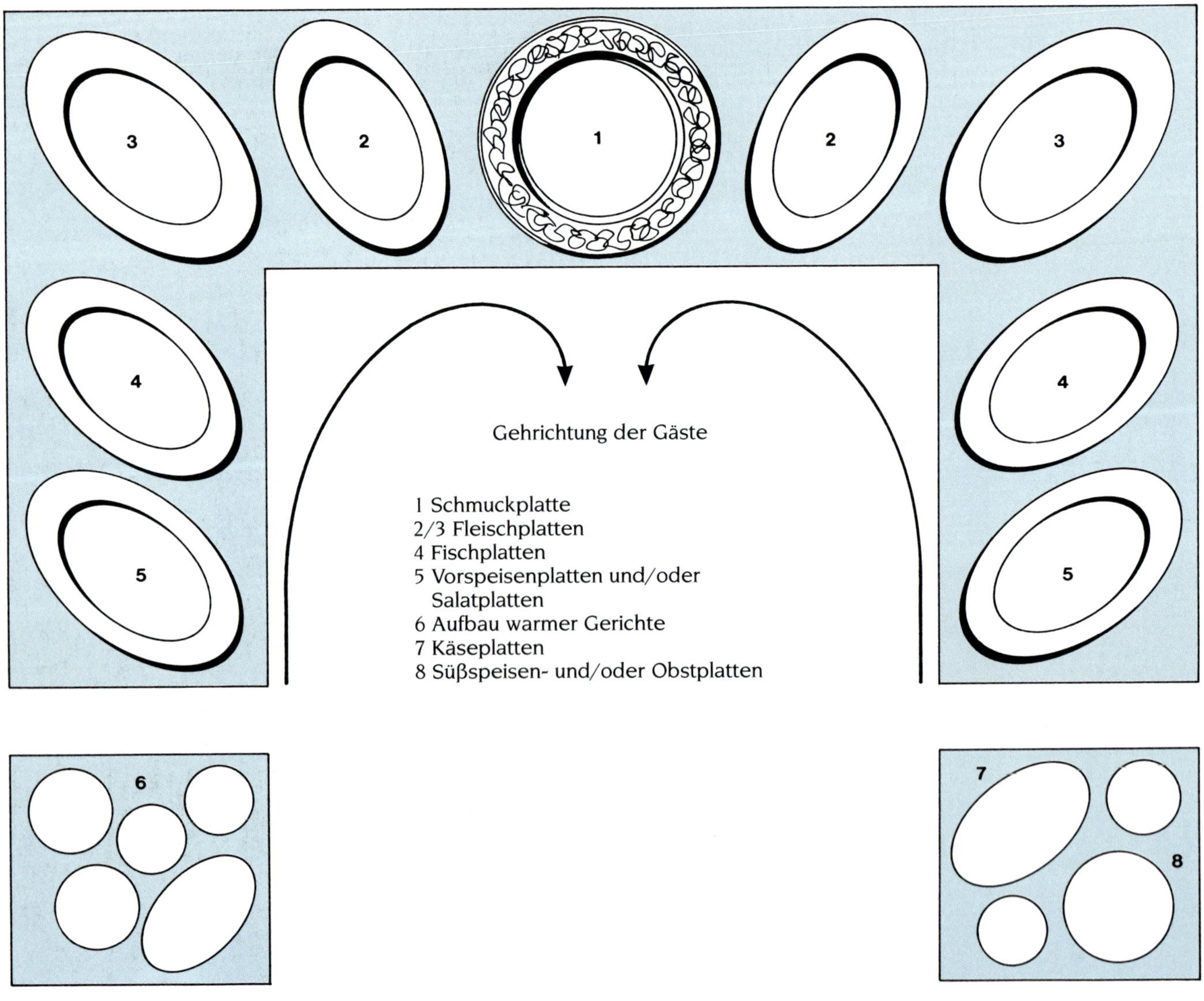

Stunde vor dem Eintreffen der Gäste, je nach Größe der Veranstaltung, das Buffet auf. Die Abfolge der Speisen wurde bereits oben besprochen (siehe dazu auch die Zeichnungen). Sollen Fleischstücke von einem Koch tranchiert werden, muß man entsprechende Vorrichtungen, wie ein Tranchierbrett mit Wärmelampe, aufbauen und ausreichend Platz einräumen, damit der Mitarbeiter sorgfältig tranchieren und die Speisen bequem auf Tellern anrichten kann.

Ein Buffet darf nicht zu breit angelegt sein, die Gäste müssen ohne Mühe auch die hinten stehenden Platten erreichen können, ohne ihre Kleidung an den vorderen Speisen zu beschmutzen. Darüber hinaus muß man beachten, daß höhere Gefäße stets hinten plaziert werden, damit diese nicht den Zugang zu flach Angerichtetem versperren.

Entsprechend der vorausgehenden Planung werden die vorbereiteten Dekorationen, wie Blumenarrangements, Kerzenleuchter und andere, aufgestellt. Dies muß je nach Umfang und Größe auch vor dem Aufstellen der Platten erfolgen. Zuletzt versieht man alle Schüsseln und Platten mit Schöpfkellen beziehungsweise Vorlegebestecken. Die Mitarbeiter nehmen ihre vorgesehenen Plätze ein.

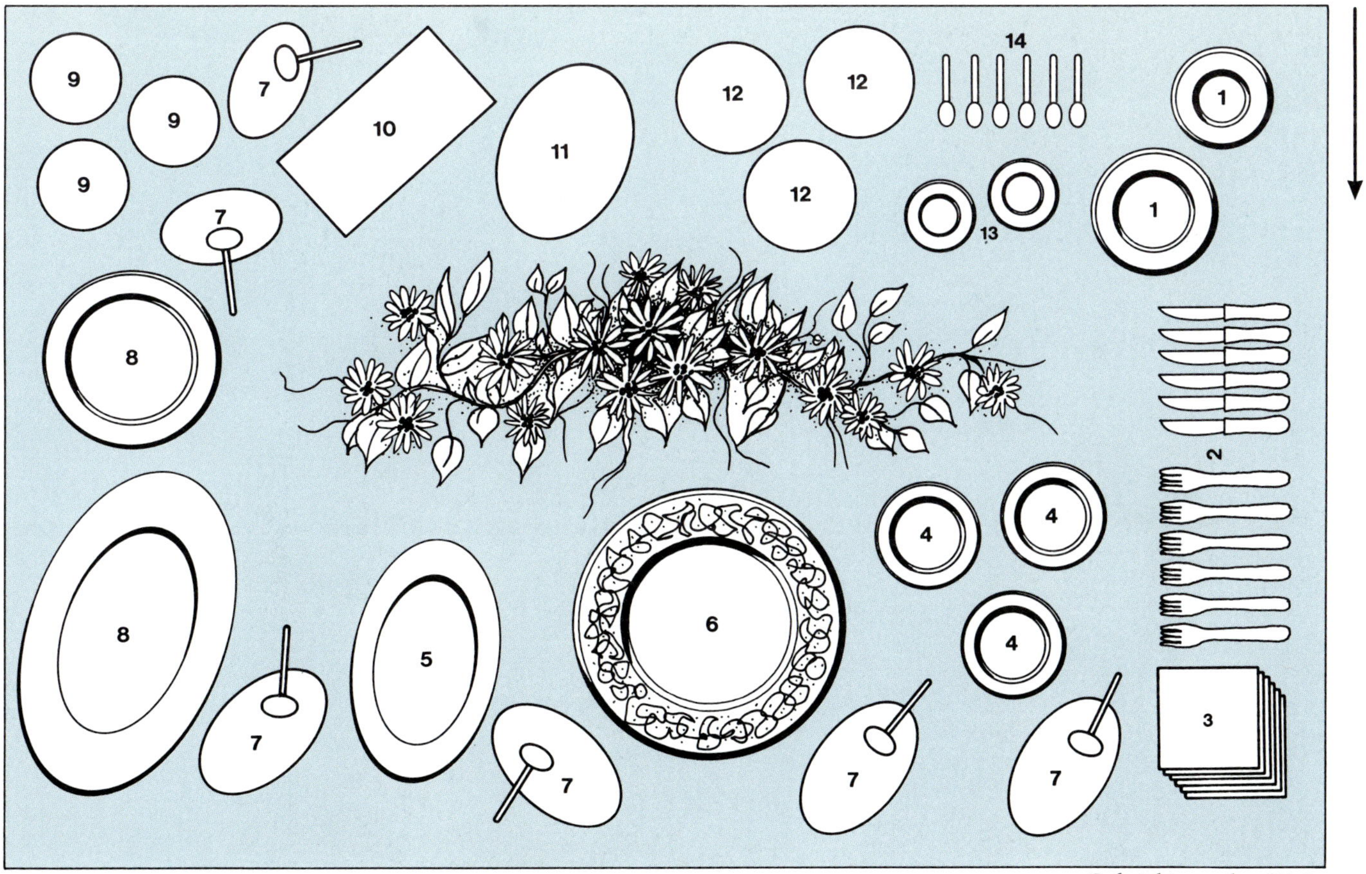

Gehrichtung der Gäste

1 Teller unterschiedlicher Größe
2 Besteck
3 Servietten
4 Vorspeisenplatten
5 Fischplatte
6 Schmuckplatte oder Schaustück
7 Saucièren
8 Fleischplatten
9 Salatplatte oder -schüsseln
10 Käseplatte oder -brett
11 Brotkorb
12 Süßspeisenplatten oder -schüsseln
13 Dessertteller oder -schälchen
14 Dessertbestecke

Feiern zu geschäftlichen Anlässen

Offizielle Empfänge

Zu einem offiziellen Empfang wird gebeten, wenn man eine größere, unterschiedlich zusammengesetzte Gesellschaft zeitlich begrenzt bewirten möchte. Anlässe können Geburtstage, Jubiläen, Geschäftseröffnungen, Ehrungen und ähnliche sein.
Man lädt die Gäste üblicherweise am Vormittag um 11 Uhr ein, der Empfang geht dann bis zum Mittag oder reicht bis in den frühen Nachmittag hinein. Beginn und Ende der Veranstaltung gibt man mit der Einladung bekannt. In der Regel wird eine solche Veranstaltung als ein Stehempfang organisiert, und nur wenige Sitzgelegenheiten stehen zur Verfügung. Dies schafft eine zwanglose Atmosphäre und bietet die Gelegenheit, herumzugehen und sich zu unterhalten.
Für den Gastronomen ist ein Empfang mit nicht allzu großem Aufwand verbunden, doch gilt auch hier: Eine detaillierte Absprache mit dem Gastgeber und eine gute Vorbereitung sind das A und O.
Für den Stehempfang muß der dafür vorgesehene Raum ausgeräumt werden, nur wenige Tische stehen für ein eventuelles Buffet oder zum Abstellen von Geschirr und Gläsern bereit. Blumen und Grünpflanzen sorgen für eine angenehme Atmosphäre.
Buffet- und Schautische deckt man mit Buffet- beziehungsweise Tafeltüchern (siehe dazu auch Seite 13).
Sind Reden geplant, müssen eventuell ein Rednerpult aufgestellt und gegebenenfalls auch eine Mikrofonanlage installiert werden. Nach Wunsch legt der Gastgeber am Eingang ein Gästebuch oder eine Gästeliste aus, die es ihm später erleichtern, sich bei allen Gästen für ihr Erscheinen zu bedanken. Oftmals bringen die Gäste Geschenke oder Blumen mit, für deren Aufbau ein Geschenketisch mit Vasen bereitstehen sollte.
Bei einem Stehempfang bietet man mundgerecht zubereitete und angerichtete warme Happen oder Canapés an. Diese können mit Spießchen versehen oder auf Platten gelegt sein. Letztere reicht ein Servicemitarbeiter herum, und jeder Gast bedient sich selbst. Kleine Teller und (Papier-) Servietten sollten zur Verfügung stehen. Verschiedene Getränke werden auf Tabletts gereicht, und jeder Gast kann nach Belieben wählen.
Es besteht auch die Möglichkeit, das Angebot von Speisen und Getränken in Form eines Buffets zu organisieren (siehe dazu auch Seite 39ff.). Man baut dazu je nach Größe der Veranstaltung ein oder mehrere Speisen- und Getränkebuffets auf. Die Getränke werden vom Servicepersonal angeboten und eingeschenkt. Man bietet verschiedene Weine, Sekt oder Champagner, Bier und eine Auswahl alkoholfreier Getränke an. Harte alkoholische Getränke sollte man meiden. Gegen Ende der Veranstaltung kann man einen Kaffee bereithalten.
Das Speisenbuffett wird ebenfalls von Servicepersonal betreut, das den Gästen die Speisen anbietet und gegebenenfalls Auskünfte erteilt. Alles ist mundgerecht zubereitet. Es muß darüber hinaus dafür Sorge getragen werden, daß ständig mehrere Servicemitarbeiter benutzte Gläser und Geschirr abräumen und Aschenbecher wechseln.
Wird ein gastronomischer Betrieb häufiger mit der Organisation einer solchen Veranstaltung beauftragt, lohnt es sich, runde, fahrbare Tische für das Buffet anzuschaffen. Ist der offizielle Teil eines Empfangs mit Gratulationen und Reden beendet, werden die in der Küche angerichteten „rollenden Buffets" in den Raum gefahren. Dies ist zum einen eine schöne Überraschung für die Gäste, zum anderen hat es den Vorteil, daß warme Speisen wirklich in letzter Minute angerichtet werden können.
Schön ist es, wenn man die Zusammenstellung von Speisen auf jedem der rollenden Buffettische nach einem bestimmten Motto vornimmt und sie zum Beispiel mit „Nordische Fischvorspeisen" oder „Süße Schlemmereien" betitelt.
Auf diesen Buffets sollten Teller und Bestecke vorbereitet sein.

Plant man, eine große Zahl von Gästen zu einer offiziellen Veranstaltung oder einem lockeren Beisammensein einzuladen, ist ein Empfang die ideale Form. Auf einem Buffettisch oder einem Servierwagen werden verschiedene Getränke und dazu passende Gläser aufgebaut. Platten mit bunten Snacks können den Aufbau entweder begleiten oder werden von dem Bedienungspersonal jedem Gast angeboten. Die Auswahl der Getränke sollte verschiedene Weine, Sekt oder Champagner, Sherry und andere Apéritifs sowie nichtalkoholische Getränke und Mineralwasser bereithalten

Empfänge vor dem Essen

Je mehr Personen zu einer Veranstaltung eingeladen sind, desto länger dauert es meist, bis die Gesellschaft vollzählig ist. Um das Warten der zuerst eingetroffenen Gäste so angenehm wie möglich zu gestalten und auch die Planung der Küche für das bevorstehende Menü nicht zu durchkreuzen, bittet man zunächst zu einem Stehempfang, der eine halbe bis eine Stunde dauern kann. Wenn es die Räumlichkeiten zulassen, ist es zu empfehlen, den Empfang in einem separaten Raum stattfinden zu lassen, um den gedeckten Tafeln ihre Wirkung zu bewahren. Steht nur ein Raum zu Verfügung, so muß genug Platz für alle Gäste eingeplant sein, denn es ist unbequem und hinderlich, wenn man sich mit seinem Glas in der Hand ständig gegen „Kollisionen" wehren muß.

Bei einem Empfang vor dem Essen bietet man eine Auswahl an Apéritifs an. Üblich sind ein Glas Sekt oder Champagner, eventuell mit Orangensaft gemischt, heller Portwein oder trockener Sherry, verschiedene Mixgetränke oder ein Glas eines besonderen Weines, zum Beispiel einer Auslese oder gar einer Trockenbeerenauslese. Auch alkoholfreie Getränke sollten auf jeden Fall darunter sein. In manchen Häusern steht eine fest installierte Apéritifbar zur Verfügung, oftmals auch ein fahrbarer Barwagen mit eingebauter Kühlvorrichtung und einem Würfeleisfach. Kann man auf diese Einrichtungen nicht zurückgreifen, muß man ein Getränkebuffet aufbauen. Je nach Gästezahl werden dazu ein oder zwei Tische vorbereitet. Man stellt diese längs zusammen und nach Möglichkeit so in den Raum, daß Mitarbeiter guten Zugang haben und sich dahinter stellen können, um die Gäste zu bedienen. Man deckt die Ti-

sche mit einem Buffettuch oder einer Buffetschürze (siehe Seite 13).
Sind die Tische vorbereitet, stellt man eine Auswahl von Gläsern und Flaschen darauf. Die Gäste können dann direkt vom Getränkebuffet aus bewirtet werden.
Einen Apéritif kann man auch erst dann anbieten, wenn alle Gäste an der Tafel Platz genommen haben. Eine Bedienung nimmt die Wünsche der Gäste auf, die Apéritifs werden dann nachträglich eingesetzt.
Das Angebot der Getränke muß vor der Veranstaltung genau mit dem Gastgeber besprochen werden, um Pannen zu vermeiden. Dies gilt ebenfalls für Digestifs (After-Dinner-Drinks). Diese im Anschluß an das Essen servierten Getränke können bereits in der Menükarte angekündigt sein, sie erscheinen dann auf deren linken Seite. Klassische Digestifs sind Liköre, Weinbrand, Calvados, Obstbranntweine, liebliche Sherrysorten und Südweine. Auch gemixte Digestifs sind sehr beliebt. Wie das Foto zeigt, ist die Vielfalt an passenden Gläsern groß. Obstbranntweine serviert man in großvolumigen Schwenkern, deren Rand im Vergleich zu den Cognacschwenkern etwas stärker eingezogen ist. Calvados wird im passenden Glas mit Deckel oder im großvolumigeren Schwenker angeboten, Liköre in Likörschalen und Sherry im hochstieligen Sherryglas.
Das Angebot eines Digestifs kann unterschiedlich erfolgen. Eine Möglichkeit ist, die Wünsche der Gäste zu erfragen, man kann auch ein Tablett mit einer Auswahl an Getränken zusammenstellen und diese reihum anbieten. Die schönste Form ist, mit einem Digestifwagen oder einem dekorativen Servierwagen um die Tische herumzufahren und den Wünschen der Gäste nachzukommen.

Nicht immer erscheinen alle Gäste pünktlich, und man sollte nicht mit dem Essen beginnen, ehe die Gesellschaft vollzählig ist. Um der Küche und den Gästen unangenehme Situationen zu ersparen, ist es gut, zunächst in Form eines Empfangs gemeinsam einen Apéritif zu trinken. Er weckt den Appetit und bei einem gemeinsamen Glas läßt es sich gut reden. Als Apéritif bieten sich Mixgetränke, wie der klassische Cocktail Martini dry, trockener Sherry, Sekt oder Champagner an, die entweder auf einem Präsentiertisch angeboten oder an einer Bar oder einem Barwagen nach Wunsch eingeschenkt werden

Ein Digestif ist eine gute Sache, um kulinarische Genüsse vollendet abzurunden. Man reicht Likör, Obstbranntwein, lieblichen Sherry, verschiedene Südweine sowie Cognac oder Calvados. Die Getränke werden am besten direkt von einem Barwagen serviert, oder jeder Gast gibt der Bedienung seinen Wunsch an

Galadiners

Ein Galadiner begleitet stets einen besonders festlichen Anlaß, zum Beispiel eine große Hochzeit, einen Empfang oder einen Kongreß. Dessen Ausrichtung stellt höchste Ansprüche an die Kochkunst und das Organisationstalent eines Gastronomen und seiner Mitarbeiter sowie an die Einrichtung des Speisesaals.
Die Erwartungen der Gäste sind hoch, und die „Küchenbrigade" kann ihr Können und ihre Kreativität unter Beweis stellen. Schön ist, wenn man die Gäste nach dem Apéritif durch einen kleinen Appetithappen, auch als Amuse gueule bezeichnet, überrascht. Die Speisen für ein Galadiner werden bereits in der Küche dekorativ angerichtet und vom Bedienungspersonal fachgerecht serviert. Ein besonderer Effekt ist, wenn die Speisen unter versilberten Warmhalteglocken (Cloche) verborgen serviert werden. Ein Digestif, begleitet von Mokka oder Espresso, rundet dann den kulinarischen Teil der Festlichkeit ab.

Die edle Gestaltung der Tafel verrät es: hier trifft sich eine Gesellschaft zu einem Galadiner. Bald werden die Damen und Herren in festlicher Kleidung am Tisch Platz nehmen und speisen. Das Menü eröffnet mit einer Suppe, die, wie der abgerundete Löffel zeigt, in Tassen serviert wird. Es folgt eine warme Vorspeise, zu der man einen Weißwein trinken wird. Zum anschließenden Fischgang wird ein zweiter Weißwein serviert, während der Hauptgang von einem Rotwein begleitet ist. Das Dessertbesteck und der Sektkelch verraten: es gibt eine süße Nachspeise mit prickelndem Sekt

Jubiläumsfeiern

Ein Ereignis jährt sich zum 25-, 50- oder 100sten Mal, dies können die Verleihung der Stadtrechte oder die Gründung einer Organisation, einer Institution oder eines Unternehmens sein. Entsprechend unterschiedlich ist die Größe der geladenen Gesellschaft und die Form der Festlichkeit – eine Jubiläumsfeier kann einen offiziellen oder einen eher individuell geprägten Charakter besitzen. Der Gastronom sollte sich in jedem Fall bei der Wahl der Dekoration auf das Ereignis einstellen. Als Thema haben wir auf unserem Foto das 25jährige Bestehen eines Reisebüros aufgegriffen und die Tafel mit passenden Accessoires, wie Kerzen in Form des Empire State Buildings oder Spielzeugflugzeugen, geschmückt.

Ist der Tischschmuck liebevoll und zum Ereignis passend arrangiert, fühlen sich die Gäste direkt angesprochen, und es zeigt das Interesse des gastronomischen Betriebs, auf die Wünsche einer Gesellschaft einzugehen. Eine solche Veranstaltung bietet die Chance, das Haus attraktiv darzustellen. Verbunden mit diesem Aspekt dient eine große Feier natürlich auch der Selbstdarstellung des gastgebenden Unternehmens. Oftmals geht dem gemeinsamen Essen eine kleine Feierstunde voraus, diese kann in Räumen außerhalb des gastronomischen Betriebes oder in Extraräumen des Gaststättenbetriebes stattfinden. Meist sind bei einem solchen Anlaß Tischreden vorgesehen. Deren Organisation und die vorangestellte Feierstunde bedürfen einer genauen Absprache mit dem Gastgeber, damit der Serviceablauf darauf abgestimmt werden kann und es zu keinen Pannen oder unangenehmen Störungen kommt.

Die Mitarbeiter eines Reisebüros feiern das 25jährige Jubiläum des Unternehmens. Passende Accessoires stimmen alle Gäste auf die Feier ein.
Das Gedeck verrät, daß ein Menü aus drei Gängen die Feier begleiten wird, eine Vorspeise, zu der ein Weißwein serviert wird, ein Hauptgang mit Rotwein und den Abschluß bildet ein Dessert, zu dem man Sekt trinken wird

Geschäftsessen

Essen zu einem geschäftlichen Anlaß können von sehr unterschiedlicher Prägung sein. Lädt man Geschäftspartner ein, um beispielsweise einen erfolgreichen Geschäftsschluß zu feiern, wird die Dekoration der Tische eher neutral gehalten und das Menü entsprechend gehobeneren Ansprüchen ausgewählt. Ein kurzer Stehempfang kann dem Essen vorausgehen, bei dem sich die Gäste in lockerer Atmosphäre auf die Feier des Erfolges einstimmen können.

Wir haben hier eine weitere Variante einer geschäftlichen Feier gewählt – das Bestehen der Schreinermeisterprüfung. Der neue Meister steht im Vordergrund, ihm zu Ehren organisiert der Betrieb ein Essen, man feiert gemeinsam mit den Kollegen die bestandene Prüfung. Eine solche Veranstaltung läßt eine individuelle Gestaltung der Tafel, wie hier mit einem Blumengesteck im Hobel oder Hobelspänen als Dekorationselemente, zu. Für den Gastronomen gilt es, sich auf den Charakter eines Geschäftsessens anhand einer vorangehenden, detaillierten Besprechung einzustellen. In jedem Fall verfolgt der Gastgeber mit der Veranstaltung repräsentative Zwecke für sein Unternehmen. Er möchte einen guten Eindruck hinterlassen und eine vertrauensvolle Atmosphäre schaffen. Viel stärker als es bei anderen Feierlichkeiten der Fall sein wird, bezieht der Gastgeber organisatorische Mängel oder Pannen im Serviceablauf auf sich, daher ist es für den Gastronomen besonders wichtig, vor der Veranstaltung alle Details zu klären und die Feier sorgfältig zu planen. Ob ein Menü serviert oder ein Buffet aufgebaut wird, bleibt den Wünschen des Gastgebers überlassen und richtet sich sehr oft nach der Anzahl der geladenen Gäste und der gewünschten Atmosphäre.

Die Schreinermeisterprüfung ist endlich bestanden, und das muß gefeiert werden. Lustige Dekorationen, wie das Blumengesteck in dem Hobel und die in Hobelspiralen gewickelten Menükarten, geben dem Fest den passenden Rahmen. Was auf den ersten Blick zu sehen ist: das geplante Menü wird von einer kalten Fischvorspeise eröffnet, zu der Weißwein serviert wird, es folgen eine Suppe und das Hauptgericht, das ein Rotwein begleitet. Den krönenden Abschluß bildet ein Dessert

FAMILIENFESTE

Taufe

Die Taufe ist ein schöner Anlaß, um mit der Familie, den Paten und guten Freunden zu feiern. Nach dem Termin der kirchlichen Zeremonie, ob am Vormittag oder Nachmittag, werden die Feierlichkeiten geplant. Findet die Taufe vormittags statt, kann man vorher zu einem kleinen Empfang bitten und trifft sich anschließend zu einem festlichen Mittagessen. Ist die Zeremonie am Nachmittag vorgesehen, lädt man im Anschluß daran eventuell erst zu Kaffee und Kuchen und später zu einem gemeinsamen Abendessen ein. Die Terminabsprache zwischen dem Gastronomen und dem Gastgeber muß frühzeitig erfolgen.

Die Tafeln für eine Feier zur Taufe sollten dezent und festlich gestaltet sein. Man kann Accessoires oder Tischtücher in Pastellfarben wählen und mit Blüten oder, wie auf dem nebenstehenden Foto, kleine (goldene) Schuhe zur Dekoration einsetzen.

In der Regel gebührt der Mutter des Täuflings der Ehrenplatz an der Tafel. Nimmt ein Geistlicher an dem Fest teil, sitzt er rechts neben der Mutter. Es ist schön, wenn der Gastronom die Sitzordnung vorher mit den Gastgebern bespricht und zur Dekoration der Tafel passende Tischkarten wählt.

Ein neuer Erdenbürger hat das Licht der Welt erblickt – ein schöner Anlaß, um mit der Familie, den Paten und guten Freunden zu feiern. Um dem Familiennachwuchs zu zeigen, welche kulinarischen Überraschungen in seinem weiteren Leben auf ihn warten, wird die Feier von einem Drei-Gänge-Menü begleitet: eine kalte Vorspeise mit einem Weißwein eröffnet den Schmaus, es folgt ein Hauptgericht, zu dem ein Rotwein gereicht wird. Das Menü schließt mit einem Dessert und Sekt

Die Familie kommt zusammen, um das Fest der Konfirmation oder der Kommunion zu feiern. Der Konfirmant oder das Kommunionkind „thront“ am Kopf der Tafel und genießt das Menü zwischen bunten Blüten. Die Speisenfolge besteht aus einer kalten Fischvorspeise und dazu einem Weißwein. Sie wird gefolgt von einer Suppe und einem Hauptgang, zu dem man einen Rotwein genießt. Eine süße Nachspeise ist dann das kulinarische i-Tüpfelchen

Konfirmation und Kommunion

Ob Konfirmation oder Kommunion – diesem kirchlichen Ereignis schenkt die Familie, mit Paten und guten Freunden, besondere Aufmerksamkeit, indem sie in festlichem Rahmen feiert.

Da die Gäste häufig von weither anreisen, trifft man sich vor der kirchlichen Zeremonie zu einem kleinen Empfang. Viele der Anwesenden haben sich vielleicht länger nicht gesehen und können die Zeit bis zum Eintreffen der letzten Gäste so angenehm verbringen. Im Anschluß an die kirchliche Feier wird zu einem festlichen Essen gebeten. Bei einer solchen Veranstaltung ist es üblich, ein Menü zu servieren. Buffetarrangements sind seltener.

Das Konfirmations- oder Kommunionkind erhält den Ehrenplatz am Kopf der Tafel. Es ist schön, wenn dieser durch bunte Blüten hervorgehoben ist. Neben ihm sitzen die Eltern, bei einer Konfirmation können dies auch die Mutter und der Patenonkel oder die Patentante sein.

Die Tafeln können dezent in weiß gehalten oder wie bei unserem Vorschlag auch mit farbigen Platztellern und bunten Blumengestecken geschmückt werden. Letzteres verleiht der durch ihren religiösen Charakter geprägten Festlichkeit eine etwas lockerere Atmosphäre. Bei einer Kommunionfeier sollte der Gastronom große Kerzenständer für die Kommunionkerzen bereitstellen.

Da Konfirmationen und Kommunionen in einem recht begrenzten Zeitraum im Frühjahr stattfinden, sollten die Gastgeber schon frühzeitig mit ihrem Anliegen an einen gastronomischen Betrieb herantreten. Dieser hat dann ausreichend Zeit, eine solche Veranstaltung zu organisieren und mit phantasievollen Dekorationen auszuschmücken. Wie bei einer Feier zur Taufe, wird den Gästen durch Tischkarten ihr Platz an der Tafel mitgeteilt. Die Vorbereitung solcher Details bedarf etwas Zeit, jedoch muß man als gastgebender Betrieb daran denken, daß die Gäste das Erlebnis des Festes an andere weitergeben und diese Mundpropaganda dem Betrieb zugute kommt.

Hochzeit

Während die standesamtliche Vermählung meist nur in einem kleinen Gästekreis gefeiert wird, nehmen viele Paare die kirchliche Trauung gern zum Anlaß, in einer großen Gesellschaft mit der Familie, den Trauzeugen und guten Freunden ein Fest zu veranstalten. Dem außergewöhnlichen Anlaß sollte der Gastronom durch eine festliche Gestaltung der Tafeln Rechnung tragen. Schön ist es, wie auf dem Foto gezeigt, die Farbe Weiß, das Symbol der Hochzeit, aufzugreifen und die Tischwäsche, Porzellan und Dekoration entsprechend auszuwählen. Für solche festlichen Veranstaltungen sollte er ein wertvolleres Geschirr, Platzteller, Bestecke und edlere Tischwäsche eindecken.
Eventuell kann der Gastronom bereits in einem Vorgespräch die Wahl der Blüten für den Brautstrauß erfragen und die Blumenarrangements auf den Tafeln darauf abstimmen. Die Organisation einer Hochzeitsfeier bedarf einer frühzeitigen und besonders detaillierten Absprache zwischen dem Gastronomen und den Gastgebern. Man muß den zeitlichen Ablauf festlegen, besprechen, ob am Nachmittag Kaffee und Kuchen gereicht und zum Abend ein Menü serviert oder ein Buffet organisiert werden sollen. Auch die Tischordnung ist ein wichtiges Detail in der Absprache, um diese durch Tischkarten den Gästen bekanntgeben zu können. Meist schließt sich an den kulinarischen Teil ein Abend mit Musik und Tanz an. Es muß eine Musikanlage installiert oder eine Musikgruppe engagiert werden – all diese Wünsche der Gastgeber müssen bereits bei der Wahl des Raumes und dem Aufstellen der Tische berücksichtigt werden.
Da besonders in ländlichen Gebieten eine Hochzeit von Sitten und Gebräuchen begleitet wird, kann es leicht geschehen, daß der Zeitplan durch spontane Einlagen durcheinandergerät. Hier ist es wichtig, „Puffer" einzubauen. Auch Tischreden müssen unbedingt berücksichtigt werden. Eine schöne Geste ist es, wenn der Gastronom solche Sitten, sei es das gemeinsame Durchsägen eines Holzstammes, das Überreichen von Brot und Salz, das Spalierstehen des Personals und anderes aufgreift oder in die Dekoration einbaut.
Für die Gäste ist es angenehm, wenn sie, falls dies möglich ist, im gleichen Haus oder in der näheren Umgebung eine Unterkunft finden. Auch hierbei sollte der Gastronom als guter Berater zur Seite stehen.

Die Tafel ist festlich gedeckt, alles steht bereit, um die Hochzeitsgesellschaft zu empfangen. Ist der Blumenschmuck passend zu den Blüten des Brautstraußes ausgewählt, fügt sich dieser als schönes Arrangement in die übrige Dekoration ein.
Dem Anlaß entsprechend wurde ein Fünf-Gänge-Menü ausgewählt. Eine kalte Vorspeise mit einem Weißwein bildet das Entrée. Es folgt eine Suppe und anschließend ein warmer Fischgang. Zum Hauptgericht wird ein Rotwein und zum Dessert ein Sekt angeboten

HEIRATS-
URKUNDE
Menü

Silberhochzeit

Entschließt sich ein Ehepaar, seine Silberhochzeit in einem größeren Rahmen zu feiern, ist es für alle sinnvoll, die Organisation einem erfahrenen Gastwirt zu übertragen. Die Einladung der Familie, die Überlegungen zum Zeitablauf des Festes, zu der Speisenfolge und der Unterbringung der Gäste nehmen trotzdem noch recht viel Zeit und Mühe in Anspruch. Meist finden sich am Tag der Silberhochzeit zahlreiche Gratulanten ein, für deren Wohl ebenfalls Vorbereitungen getroffen werden müssen.
Für den Gastronomen ist, wie bei allen größeren Veranstaltungen, die Besprechung mit den Gastgebern die wichtigste Grundlage für die Organisation. Die Wahl des Geschirrs, der Gläser und Bestecke sowie die Tischdekoration sollten dem eher ruhigen, sehr festlichen Charakter dieser Feier entsprechen. In Blumengestecken, Menü- und Tischkarten sowie weiteren Accessoires kann man Silber oder die „25" aufgreifen.
Es geschieht seltener, daß ein Ehepaar seine goldene Hochzeit in großem Rahmen feiert. Meist organisieren die Kinder einen Empfang in den Vormittagsstunden, bei dem das Paar Gratulationen und Ehrungen entgegennimmt, und man feiert anschließend im engen Familienkreis.

25 Jahre währt der gemeinsame Lebensweg der Jubilare, der neben freudigen Ereignissen bestimmt auch so manche Hürde mit sich brachte. Daß man diese gemeinsam sicher gemeistert hat, soll mit der Familie und guten Freunden gefeiert werden. Als kulinarische Begleitung genießt man hier ein Vier-Gänge-Menü bestehend aus einer Suppe, einem warmen Zwischengericht, zu dem ein Weißwein angeboten wird. Ein Hauptgang mit einem Rotwein folgt, und ein Dessert und Sekt bilden den süßen Abschluß

25
Luise

Zum 50. Geburtstag treffen sich die Familie, Freunde und vielleicht gute Geschäftsfreunde zu einem kulinarischen Beisammensein. Begleitet von Tischreden und Toasts auf das Geburtstagskind genießt man ein Menü mit drei Gängen. Es eröffnet mit einer kalten Fischvorspeise, zu der ein Weißwein ausgewählt wurde, es schließt sich der Hauptgang mit einem Rotwein an, und ein süßes Dessert rundet die Schlemmerei ab

Runde Geburtstage

Wer gerne Gäste um sich hat, für den ist besonders der runde Geburtstag ein Anlaß, mit Verwandten, Freunden und eventuell guten Geschäftsfreunden zu feiern. Wir haben in unserem Vorschlag für die Gestaltung der Tafeln den 50. Geburtstag gewählt, jedoch ist die Dekoration natürlich leicht zu variieren. Erwartet man viele Gratulanten, ist es schön, diese vormittags zu einem Empfang zu bitten und ein festliches Menü oder Buffet für einen kleineren Kreis von Gästen für den Abend zu planen. Für den Gastronom ist eine solche Veranstaltung eine besondere Chance, sein Können zu präsentieren, denn eine gemischte Gesellschaft ist ein potentieller Kreis zukünftiger Gäste.

Die Organisation eines Empfangs und des abendlichen Festessens wurde bereits erläutert. Bei der Feier eines runden Geburtstags gibt es einiges, was man zusätzlich bedenken sollte. Werden Reden gehalten, so müssen die dazu notwendigen Einrichtungen, wie Rednerpult oder gegebenenfalls eine Mikrophonanlage, installiert werden. Ein größerer Tisch für Geschenke mit Vasen für Blumen sollte stets bereitstehen.

Bei der Planung des Zeitablaufs und für das Essen muß der Gastronom Tischreden berücksichtigen und den Serviceablauf darauf ausrichten.

Wünscht der Gastgeber eine anschließende Feier mit Musik und Tanz, ist es wichtig, die Raumaufteilung entsprechend vorzunehmen. Ist dies alles bei der Vorbereitung berücksichtigt, können die Tische eingedeckt und dekoriert werden. Wie auch bei anderen Festen sind es die Details, die beeindrucken und signalisieren, daß man bemüht ist, individuelle Wünsche zu erfüllen.

Feiern rund ums Jahr

Cocktailpartys

Eine bunte Variante des Empfangs ist die Cocktailparty für einen gemischten Gästekreis. Man trifft sich zwischen 17 und 18 Uhr, die Gäste kommen oft in Begleitung, um sich zwanglos einige Stunden bei Gesprächen und dem Genuß phantasievoller Drinks zu unterhalten. Es ist üblich, die Dauer einer Cocktailparty auf zwei bis drei Stunden zu begrenzen. Dies wird bereits in der Einladung mitgeteilt.
Für den gastronomischen Betrieb ist wiederum die Checkliste (siehe dazu Seite 8) wichtigste Basis der Planung. Das Angebot verschiedener Mixgetränke steht im Vordergrund, dazu bietet man Kleinigkeiten, wie Cracker, Chips, Oliven oder Canapés an.
Eine fest installierte Bar ist natürlich ideal für die Ausrichtung einer solchen Veranstaltung und ist meist der attraktive Mittelpunkt der Party. Mit der Einrichtung eines Getränkebuffets (siehe Seite 44 f.) oder dem Einsatz eines Barwagens (siehe Seite 30) ist dies jedoch auch gut zu bewältigen. Die Arbeiten des Barkeepers sollte ein erfahrener Servicemitarbeiter übernehmen. Eine gute Vorbereitung ist für sein Wirken besonders wichtig. So sollte eine Auswahl an verschieden geformten Gläsern für Cocktails, Longdrinks und andere Mixereien zur Verfügung stehen. Dies können Cocktailschalen, Longdrinkgläser oder phantasievolle Varianten für Fancy-Drinks sein. So sind zum Beispiel großvolumige Rotweingläser schön für Tropical Drinks, sind Sektkelche (-flöten) ideal, um in ihnen Flips, Sours oder bunte Pousse-cafés zu präsentieren. Auch Berliner-Weiße-Pokale kann man für solche Drinks, auch für Drinks für Zwei, die mit viel Eis oder Fruchtstücken serviert werden, einsetzen. Gerade diese Longdrinks mit weniger oder ohne Alkohol sind heute immer mehr gefragt, hier sollte der Barkeeper phantasievolle Kreationen bereithalten.

Neben einer Auswahl an alkoholischen Ingredienzien, verschiedenen Fruchtsäften, Früchten zur Dekoration der Gläser und einem großen Vorrat an Eiswürfeln müssen wichtige Barutensilien zur Verfügung stehen. Hierzu zählen Shaker, Rührglas, Meßbecher, Blender, Barmesser, Reibe, Zitruspresse, Barsieb (Strainer), Eishammer für Crash-Eis, Barlöffel, Eiszange, Champagnerverschluß, Korkenzieher sowie Cocktailspießchen und bunte Trinkhalme.
Bereits aus einem Grundvorrat, bestehend aus Campari, Canadian Whisky, Champagner/Sekt, Cognac/Weinbrand, Cointreau, Gin, rotem und trockenem Vermouth, weißem Rum, Fruchtsäften und (Bitter-)Limonaden, lassen sich schon über 60 verschiedene Drinks mixen.

So vielfältig wie die Farben der verschiedenen Mixgetränke ist sicher auch die zu der Cocktailparty geladene Gesellschaft zusammengesetzt. Man lädt Freunde und/oder Geschäftsfreunde zu einer zwanglosen Feier ein, sei es, um mit dieser Geste ein Dankeschön auszusprechen oder einfach, um alle wiederzusehen.
Verschiedene Mixereien mit und ohne Alkohol stehen im Vordergrund. Sie sind auf einem Präsentiertisch oder einem Barwagen aufgebaut, begleitet von den wichtigen Barutensilien

CAMPARI
MARTINI
EXTRA DRY
AYALA

Der Sommer macht es leicht, die Tische für ein Fest bunt zu schmücken —Obst und Gemüse in allen Farben und Formen stehen zur Verfügung. Um Tücken des Wetters bei einer großen Feier zu umgehen, ist es besser, in einem Raum zu Tisch zu bitten. Ein Empfang vorweg im Freien ist dann bei schönem Sonnenwetter leicht zu arrangieren. Das Sommermenü besteht hier aus einer Vorspeise, zu der Sekt oder Champagner in Schalen angeboten wird, einer Suppe, begleitet von einem Weißherbst oder Roséwein, und einem Hauptgang, der von einem Burgunder abgerundet wird. Ein süßes Dessert mit frischen Früchten krönt das Sommermenü

Sommerfeste

Sommer- und Gartenfeste kann der Gastromon für einen Gastgeber arrangieren, er kann aber auch selbst als Veranstalter auftreten und Freunde und Geschäftsfreunde einladen.
Es erleichtert die Vorbereitung eines Sommerfestes natürlich sehr, wenn ein Garten oder eine Wiese direkt am Haus zur Verfügung stehen, doch auch auf einem Gelände in einiger Entfernung läßt sich ein Fest gut arrangieren. Hier muß der Transport aller Ausstattungsgegenstände und Speisen zusätzlich organisiert werden. Dieser Partyservice erfordert zudem personelle Unterstützung und ein Mehr an Geschirr, da ja meist der normale Gaststättenbetrieb während der Veranstaltung weiterläuft.
Anders als bei den meisten Festlichkeiten ist ein Sommerfest im Freien stark vom Wetter abhängig. Man sollte sich hier entweder durch einen Ausweichtermin absichern oder vorsichtshalber einen Raum zur Verfügung halten, in den man das Fest verlegen kann.
Auf unserem Foto präsentieren wir eine weitere Möglichkeit: Hier ist die Tafel in einem Raum gedeckt.
Bei einem Sommerfest auf einem weiter entfernt gelegenen Gelände ist es für den Gastronomen unumgänglich, eine genaue Liste von allen benötigten Materialien aufzustellen. Diese beginnt mit den Tischen und Stühlen oder Bänken, den Getränkeanlagen, gegebenenfalls eines Grills, den Speisen und reicht bis zu Sonnenschirmen und Trinkhalmen. Man kann natürlich den einfachen Weg beschreiten und eine Auswahl von Salaten und Gegrilltem anbieten. Von Plastikgeschirr und Pappe wegzukommen ist eine Frage der Ästhetik und vor allem des Umweltbewußtseins. Anspruchsvoller und schöner ist es in jedem Fall, wenn die Gäste im Freien von Porzellantellern speisen und aus schönen Gläsern trinken können. Auch bei der Auswahl der Speisen sollte man ruhig einmal neue Wege gehen und diese zum Beispiel auf einem Buffet aufgebaut präsentieren. Vorrichtungen zum Warmhalten gibt es in unterschiedlichen Ausführungen, diese werden mit trockenspiritusähnlichen Materialien beheizt.
Vorsicht beim Einsatz von flüssigem Spiritus! Hier kann es leicht durch Unachtsamkeit zu Unfällen kommen.
Ein Sommerfest soll bunt sein. Dazu gehören Dekorationen, zum Beispiel Lampions, Windlichter, Luftballons, sowie Körbe und Arrangements aus frischem Sommergemüse und Früchten aller Art. Die Tische werden mit bunten Zellstofftüchern gedeckt, Geschirr, Besteck, Gläser und Servietten sind bei einem Buffet auch an diesem aufgebaut.
Als Getränke bietet man frisch gezapftes Bier, verschiedene Weine, fruchtige Bowlen und/oder Longdrinks an. Harte Alkoholika sollte man meiden. Da ein Sommerfest meist schon am Nachmittag beginnt, sind auch die Kinder mit von der Party. Für sie kann der Gastronom Spiele organisieren, falls dies nicht die Gäste selbst übernehmen. Eine musikalische Untermalung durch eine Kapelle oder eine Musikanlage sorgt für Stimmung und gute Laune. Eventuell bietet der Veranstaltungsort sogar Platz zum Tanzen.
Jeder Gastwirt muß bei der Organisation eines Sommerfestes außerhalb seines Betriebes entsprechende Genehmigungen einholen und darauf achten, daß Vorschriften eingehalten werden. Ein wichtiger Punkt ist die Einrichtung von sanitären Anlagen.

Dinner for two

Es muß zwar nicht immer Kaviar sein, doch etwas Besonderes ist ein Dinner for two in jedem Fall.

Die von der Gastronomie organisierten und ausgerichteten Veranstaltungen sind wohl in den meisten Fällen in größerem Rahmen angelegt, eine geplante Feier für zwei ist eher die Ausnahme. Trotzdem kann sie ein reizvolles Element in der Angebotspalette eines Betriebes sein und bietet die Chance, den Gästen auch spezielle Wünsche zu erfüllen.

Anlässe für ein Dinner for two gibt es viele. Es kann an ein bestimmtes Ereignis in der Beziehung der zwei Gäste zueinander erinnern, oder man feiert eine bestandene Prüfung oder einen Geburtstag. Vielleicht möchten die beiden auch den Genuß eines gemeinsamen Menüs wiederholen und wünschen dafür eine bestimmte Speisenfolge und Zubereitung. Häufig wird ein solcher Abend als Überraschung geplant. Damit diese gelingt, sollte der Gastronom die erwünschte Atmosphäre und die eventuell bevorzugten Speisen erfragen, um die Tischdekoration und die kulinarischen Spezialitäten entsprechend auswählen zu können.

Die einzelnen Besteckteile von links nach rechts: Gourmetlöffel, Austerngabel, Hummergabel, Kaviarmesser und Kaviarlöffel oder -schaufel

Es feiert sich sehr gut zu zweit, und dies bedarf bestimmt nicht immer eines besonderen Anlasses. Man genießt einige schöne Stunden bei Kaviar und Champagner. Natürlich paßt auch ein ausgiebigeres Menü zu einem Dinner for two

Jagdessen

Zu einer Jagd findet sich meist eine große Gesellschaft ein, und abends bitten die Jagdherren ihre Gäste zum gemeinsamen „Schüsseltreiben". Für den Gastronom ist es bei der Ausrichtung einer solchen Veranstaltung wichtig, den Termin frühzeitig abzustimmen, die genaue Personenzahl zu erfragen und sich über vorgesehene Reden, eventuell anschließende Unterhaltung bei Musik und Tanz zu informieren, um dies in seinem Zeitplan berücksichtigen zu können.

Ist ein Betrieb häufiger mit der Organisation eines Jagdessens betraut oder bietet sich die Möglichkeit aufgrund seiner Lage, auch andere Veranstaltungen unter dem Motto der Jagd auszurichten, lohnt sich die Anschaffung von Menükarten, Tischwäsche, Porzellan und Gläsern mit Jagdmotiven oder von Vorlegebestecken mit Hirschhorngriffen. Mit Gestecken aus Herbstblumen, Ästen von Laub- und Nadelbäumen, mit Accessoires, wie Jagdhörnern, Lockenten und ähnlichen, kann man die Tische attraktiv gestalten.

Auch bei der Speisenfolge greift man bei einem Jagdessen auf das zurück, was in Wald und Flur, in Flüssen und Seen erlegt beziehungsweise gefangen oder was im Wald gesammelt wird. Neben Wild und Wildgeflügel, Flußkrebsen und Fischen sind dies Pilze und Waldbeeren.

Die zu den Speisen angebotenen Weine sollten aus der Region oder aus nahen Weinbaugebieten stammen. Zu Wild und Wildgeflügel harmonieren körperreiche Weißweine und kräftige Rotweine sowie Weißherbst. Da Wild häufig mit Fruchtsaucen oder -beilagen serviert wird, sollte die Säure des Weines auf die der verwendeten Früchte abgestimmt sein.

Die Jagd ist aus. Die Jäger und ihre Jagdgäste genießen es, bei einem gemeinsamen Essen den Tag und seine Ereignisse Revue passieren zu lassen. Die Dekoration der Tische mit Lockenten und herbstlichem Blumenschmuck und die eingedeckten Teller mit Jagdmotiven verleihen dem Abend die passende Atmosphäre. Natürlich dreht sich auch bei der Auswahl der Speisen alles um die Jagd. Nach einer Vorspeise mit Weißwein folgt eine Suppe. Es schließt sich der Hauptgang mit Weißherbst oder Roséwein an. Zuletzt genießt man Käse, der ja bekanntlich „den Magen zuschließt"

Feiern in der Vorweihnachtszeit

Die Adventszeit ist nicht nur die Zeit, in der man sich im Freundes- und Familienkreis zum Adventskaffee trifft. Besonders Unternehmen und Vereine nehmen diese Tage am Ende des Jahres gern zum Anlaß, um sich mit Mitarbeitern beziehungsweise mit Vereinsfreunden in gemütlicher Runde zu treffen und ihnen Dank zu sagen. Für die Gastronomie ist die Vorweihnachtszeit mit geschäftlichen Aktivitäten aller Art ausgefüllt. Um dem Ansturm gut organisiert begegnen zu können, sollte der Gastronom frühzeitig sein Veranstaltungsangebot für die Vorweihnachtszeit, aber auch für die Festtage bekanntgeben und publik machen. Diese Feiern können am Nachmittag mit einer Auswahl an heißen und kalten Getränken und Gebäck stattfinden oder als abendliche Buffets oder Menütafeln organisiert sein. Auch Weihnachtsfeste für Kinder, bei denen ein Nikolaus für Überraschungen sorgt, lassen sich gut ausrichten. Die vielfältigen Dekorationen für Räume und Tische oder musikalische Unterhaltung sollte jeder Gastronom nach persönlichen Vorlieben und passend zu der Ausprägung seines Hauses auswählen.
Je nach Art der Veranstaltung bietet man Plätzchen (am schönsten sind natürlich selbstgebackene Leckereien), heiße Getränke (wie Grog, Glühwein, Punschvariationen, Irish Coffee und ähnliches) oder Speisenfolgen und Buffets an, bei denen nach Wunsch Wild, Wildgeflügel, Karpfen, Gans und andere traditionelle Gerichte nicht fehlen dürfen.

Es ist eine schöne Geste, seine Freunde, Bekannten, Mitarbeiter des Unternehmens oder Vereinsfreunde zu einer Advents- oder vorweihnachtlichen Feier einzuladen. Bei heißem Grog, Glühwein oder Irish Coffee und Weihnachtsgebäck läßt es sich gut über die Ereignisse des vergangenen Jahres plaudern.
Die Getränke stehen in Kannen auf Stövchen bereit und sorgen jederzeit für heißen Nachschub

Feiern zu Weihnachten

Den Heiligen Abend verbringen viele Menschen am liebsten im Kreise ihrer Familie. Meist wird die Gastronomie nur in den Wintersportgebieten angesprochen, um diesen Abend für Gäste zu gestalten. Da sich am Heiligen Abend in der Regel ein recht gemischter Kreis zusammenfindet, bietet sich ein festliches Buffet an. Speisen in dieser Form zu präsentieren hat zudem den Vorteil, daß die Bewirtung mit weniger Personal zu bewerkstelligen ist. Am ersten und zweiten Weihnachtsfeiertag nehmen dagegen sehr viele Familien das Angebot der Gastronomie, für kulinarische Genüsse zu sorgen, gern in Anspruch. Vorbestellungen werden meist schon sehr frühzeitig getätigt.
Mit einem ideenreichen Angebot an Festtagsmenüs und phantasievoll, festlich gedeckten Tafeln kann der Gastronom bei diesen Gelegenheiten zeigen, was sein Betrieb zu leisten vermag. Feiertage stellen für die Gastronomie immer eine besondere Herausforderung dar und bieten die Chance, aus zufriedenen Festgästen feste Gäste des Hauses zu machen.

Die Weihnachtsfeiertage bringen Ruhe und Entspannung. Man freut sich, daß die Familie zusammengekommen ist und genießt die Zeit bei einem festlichen Essen. Bevor die Suppe gereicht wird, möchte der Gastgeber vielleicht einige Worte an seine Gäste richten und erhebt anschließend sein Glas mit Sekt oder Champagner, um allen ein schönes Weihnachtsfest zu wünschen. Der in Tassen servierten Suppe folgen hier ein warmer Fischgang mit Weißwein, ein Hauptgang mit Rotwein und ein leichtes Dessert

Silvesterfeiern

Die einen mögen es ausgelassen fröhlich, die anderen eher besinnlich in edlerem Rahmen – die Wünsche der Gastgeber für eine Silvesterfeier gehen oft weit auseinander. Je nach den Räumlichkeiten eines gastronomischen Betriebs kann man den Ausklang des alten und den Beginn des neuen Jahres in Form einer großen, zwanglos angelegten Feier mit Buffet und anschließendem Tanz, als großen Hausball oder als ausgedehntes Essen organisieren.

Unser Vorschlag präsentiert den Aufbau eines großen Menüs. Eine schöne Variante für den kulinarischen Teil ist die Vorbereitung eines Fondues.

Als Dekoration setzt man zu Silvester Luftschlangen, Glücksbringer, wie z. B. kleine Schornsteinfeger, Glücksschweinchen, Knallbonbons, vierblättrige Kleepflanzen, und anderes ein. Für Mitternacht stehen Sektgläser und gut gekühlter Sekt oder Champagner bereit, um das neue Jahr beim Klang der Gläser zu begrüßen.

Auf Wunsch der Gastgeber oder als Überraschung des Hauses kann ein Feuerwerk vorbereitet werden. Da eine Silvesterfeier meist recht lange dauert, ist es schön, wenn zu vorgerückter Stunde nochmals eine Stärkung, zum Beispiel eine Suppe oder Snacks, angeboten wird. Ein Kaffee zum Abschluß sollte ebenfalls vorbereitet sein.

Der Gastronom muß sein Angebot zu Silvester frühzeitig durch Anzeigen, Plakate oder auch durch im Restaurant ausliegende Drucksachen bekanntgeben.

Das Jahr neigt sich seinem Ende zu, und den letzten Abend des Dezember feiern alle ausgiebig. Es ist eine schöne Idee, seine Gäste mit einem ausgedehnten Menü auf die bevorstehende Jahreswende einzustimmen. Man genießt die Zeit bei einer Vorspeise mit Weißwein und geht nach einer Suppe zum Hauptgang über, der von einem Rotwein begleitet wird. Das abschließende Dessert wird von Sekt gekrönt

Im FALKEN Verlag sind zum Thema „Gastlichkeit" folgende Bücher erschienen:
Der schön gedeckte Tisch (4246)
Phantasievolle Tischdekorationen selber machen (984)
Servietten dekorativ falten (804)
Tischkarten dekorativ gestalten (946)
Benehmen bei Tisch (988)

CIP-Titelaufnahme der Deutschen Bibliothek

Tapper, Hans:
Der perfekt gedeckte Tisch / Hans Tapper. – Niedernhausen/Ts.: FALKEN, 1989
(FALKEN Sachbuch)
ISBN 3-8068-1028-1

ISBN 3 8068 1028 1

Titelbild: Fotostudio Eichler + Hofmann, München
Fotos: Archiv (Buffet S. 6); Rudi Scharf Fotostudios, Deggendorf (Porzellan S. 28/29; Gedecke S. 35; Tragen von Tellern S. 37; Einschenken von Wein S. 38); Fa. Carl Zollner KG, Vilsbiburg (Skirting, Artikel Astoria S. 13); alle restlichen Fotos und Styling Fotostudio Eichler + Hofmann, München
Zeichnungen: Ulrike Hoffmann, Bodenheim
Styling: Cornelia Adam, München

Satz: Grunewald. Satz & Repro GmbH, 3500 Kassel
Druck: Karl Neef GmbH & Co., Wittingen

817 2635 4453 6271

Alle in diesem Buch abgebildeten Gläser stammen aus dem Sortiment der Firma Schott-Zwiesel-Glaswerke AG. Die auf den Tafeln Seite 42 ff. eingedeckten Gläser sind folgenden Serien zuzuordnen: Galadiners S. 48 f., Hochzeit S. 60 f., Silvesterfeiern S. 78 f. – Serie „Excelsior"; Jubiläumsfeiern S. 50 f., Runde Geburtstage S. 64 f. – Serie „Prestige"; Geschäftsessen S. 52 f.; Taufe S. 56 f. – Serie „Volterra"; Konfirmation und Kommunion S. 58 f., Sommerfeste S. 70 f., Jagdessen S. 74 f. – Serie „Imperial"; Silberhochzeit S. 62 f., Feiern zu Weihnachten S. 76 f. – Serie „CanCan"; Cocktailpartys S. 68 f. – Serie „Rainbow"; Dinner for two S. 72 f. – „Caviargläser"; Feiern in der Vorweihnachtszeit S. 76 – „Grog-, Punsch-, Tee- und Irish Coffee-Gläser für Heißgetränke"; Silvesterfeier (Foto mit Sektkühler und gefüllten Sektgläsern) S. 78 – Serie „Reims".
Besonderen Dank möchten wir all den Firmen sagen, die uns bei der Produktion dieses Buches unterstützt haben:
Villeroy & Boch AG, Mettlach (Porzellan)
M. H. Wilkens & Söhne GmbH, Bremen (Bestecke)
Carl Zollner KG, Vilsbiburg (Tischwäsche)